MIES BLOCH
CROSS STITCH BOOK

懐かしくてかわいい
オランダのクロスステッチ

ミース・ブロッホの
クロスステッチ図案集

MIES BLOCH CROSS STITCH BOOK
クロスステッチに愛をのせて

ミース・ブロッホ
(Mies Marie Bloch／1907～1999)
方眼用紙に描いたモチーフを切り貼りしてクロスステッチ図案をデザインしている様子。

　ミース・ブロッホ (Mies Marie Bloch) は1907年、オランダのアムステルダムで生まれました。イラストレーターとして活躍し、たくさんのポートレートや水彩画も描いています。1929年からはクロスステッチの図案デザインを手がけるようになりました。1933年に結婚し、女の子と男の子をひとりずつ授かり育てています。

　1960～70年代にかけては刺しゅう糸メーカーDMCの冊子にクロスステッチデザインを提供。オランダの出版社Margrietの手芸誌でも年4回図案を発表していて、1977年には同社よりクロスステッチ図案集「kruissteekboek（クロスステッチブック）」を出版。子ども向けデザインの依頼が多かったこともあり、子どもたち・動物・おとぎ話などをモチーフにした図案が多数残されています。ひもの先についた風船を見上げていたり、手をつないで踊っていたり、何かを追いかけて走っていたり…はっきりした明るい色使いで、人々が生き生きと表現されているのが特徴です。例えばアイススケートのデザイン（30ページの作品18）には年齢・性別・スケートの腕前・ポーズもさまざま、よくぞここまで…と思うほどバラエティに富んだ「スケートをする人たち」が登場しています。そして皆が楽しんでいるのがちゃんと伝わってくるのが、ミースの図案の魅力と言えるでしょう。

　オランダのお国柄や当時の流行を取り入れたデザインも、今見ればどこか懐かしさが感じられます。このノスタルジックな雰囲気に注目が集まり、近年クロスステッチ・ファンの間で人気が再燃していますが、ミースの図案は当時の出版物がわずかに残っているのみという状態です。

　今回、ミースの娘さんであるサスキアさん（Saskia Weishut-Snapper）と「ミースのクロスステッチデザインをきちんとした形で残したい」と強く願っていたパリ在住の宮本綾子さんのご協力により、残された図案を1冊の本として集録し、出版することにいたしました。これから先もミース・ブロッホの魅力あふれる作品が長く愛され、クロスステッチの楽しさがたくさんの人に伝わりますように。

母娘のポートレート（左はミース、右はサスキアさん）。1943年9月と記されています。サスキアさんは現在オランダでファイバー・アーティストとして活躍しています。

MIES BLOCH CROSS STITCH BOOK
CONTENTS

クロスステッチに愛をのせて…2

Voor Kinderen
子どもたちへ

 1　バルーンパーティ…7

 2　オランダの家…8

 3　サーカス…10

 4　青い瞳の女の子…11

 5　ストリートオルガン…12

 6　小さなストリートオルガン…13

 7　鼓笛隊…14

 8　ロンド…16

 9　森の住人…18

 10　童話のコラージュ…20

この本に関するご質問はお電話・WEBで
書名／ミース・ブロッホのクロスステッチ図案集
本のコード／ NV70495
担当／佐々木
TEL 03-3383-0634（平日13時〜17時受付）
WEBサイト「日本ヴォーグ社の本」
http://book.nihonvogue.co.jp/
※サイト内「お問い合わせ」からお入りください（終日受付）。
（注）WEBでのお問い合わせはパソコン専用となります。

この本の図案は1960〜70年代に発表されたミース・ブロッホのクロスステッチ図案を復刻したものです。刺しゅう糸は当時の図案で指定されたDMCの色番号を元にしていますが、色番号指定のない図案などは制作者が選んだ（または変更した）色番号を記載している場合があります。使用布は図案発表当時の布の種類や色が不明なこともあり、メーカー名・色番号などを記載していません。お好きな布にステッチしてミース・ブロッホの世界をお楽しみください。

Het dagelijkse leven in Nederland
オランダの日常

 11 王宮…23

 12 ピンクのコテージ…24

 13 村人のダンス…25

 14 氷上の遊び…26

 15 イス型のソリ…27

 16 オランダの12か月…28

 17 メリークリスマス！…29

 18 アイススケート…30

 19 ソリ遊び…31

 20 駅馬車…32

 21 クラシックカー…34

Dieren en planten
動物と植物

 22 鳥の木…37

 23 農場…38

 24 フラワーベース…40

 25 フラワーベース…40

 26 野に咲く春の花…41

クロスステッチ 基礎ノート…42

クロスステッチの刺し方…45

作品図案と作り方…48

本誌に掲載の作品・図案を複製して販売（店頭・個人間を問わず／オークション・バザーなども含む）することは禁止しています。個人で手作りを楽しむためにのみご利用ください。

Voor Kinderen
子どもたちへ

ミースがデザインした図案にはキッズ向けのものがたくさんあります。歌ったり踊ったり、子どもたちの生き生きとした様子が描かれているのはもちろん、水玉のワンピースやセーラーカラーの上着、吊りスカートなど、子ども特有のかわいらしいファッションが楽しめるのも大きな魅力。どの子も、おしゃれな色のソックスと靴を身につけています！

1 バルーンパーティ
Ballonnenfeest

バルーン（風船）はオランダのパーティに欠かせないもの。子どもたちは皆、カラフルなバルーンが大好きです。

図案 50・51 ページ

2 オランダの家

In Holland staat een huis

子どもたちが手をつないで遊んでいるのは「オランダのおうち」という昔の遊び歌で、輪の中央には歌に登場する紳士・奥さん・子ども・イヌ・人形などが描かれています。この図案はミースの子どもたちの部屋に飾られていた作品から起こしたものです。

図案 52〜55 ページ

3 サーカス
Circus

カラフルな衣装をつけたサーカスの人気者を集めて。ミースはサーカスのモチーフがお気に入りだったようで、かつて自分の子どもたちのためにも同じタイトルの絵を描いたそうです。

図案 56・57 ページ

好きなモチーフを見つけたら、取り出してくるみボタンのブローチを作りましょう。
図案 … **56・57** ページ
（作品3の一部を使用）

4 青い瞳の女の子
Het meisje met de blauwe ogen

織り目を数えられない布にも、抜きキャンバスを使えばクロスステッチすることができます。ベルベットの巾着には青い瞳の女の子をステッチしました。

図案 48 ページ

抜きキャンバスの使い方 … **42** ページ

5　ストリートオルガン
Pierement

ストリートオルガンは手でハンドルをまわして音楽を奏でる楽器。車輪のついた移動式なので、行く先々で子どもたちから歓迎を受けています。

図案 58〜61 ページ

6 小さなストリートオルガン
Draaiorgeltje

オランダの街角では今も、華やかな装飾が施されたストリートオルガンを見ることができます。陽気な音色はいつの時代も人気です。

図案 48 ページ

7　鼓笛隊
Kinderorkest

大太鼓、小太鼓、横笛、トランペット、シンバル…どの子も歩きながら一生懸命に演奏しています。街中に響く楽しい調べが聞こえてくるようです。

図案
15
ページ

| □ BLANC | ■ 167 | □ 168 | ■ 310 | ■ 326 | ■ 327 | ■ 353 | ■ 371 | ■ 433 | ■ 522 | ■ 602 | ■ 803 | ■ 838 | ■ 921 | ■ 970 | ■ 988 | ■ 996 | ■ 3051 | ■ 3801 | ■ 3808 |
| ■ 3818 | ■ 3820 | ■ 3848 |

すべてDMC25番刺しゅう糸 2本どり
刺し上がりサイズ目安　リネン32ct（12目／1cm ※2×2目を1目）で約17.2×約19.3cm

8 ロンド
Rondedans

子ども向けの図案集の表紙を飾ったデザインです。輪の中には英文字や数字を組み合わせて、メッセージや名前などを自由にステッチしましょう。

図案
49
ページ

9 森の住人
Bosbewoners

おとぎ話の森には鳥や動物、虫はもちろん、妖精や小人たちも住んでいます。キノコの王座に座っているのは白いヒゲを生やした小人の王様です。

図案 A面

10 童話のコラージュ

Een sprookje

（右上から時計まわりに）白鳥の王子、赤ずきん、長靴をはいたネコ、ヘンゼルとグレーテル、親指トム、白雪姫が描かれています。同じ森の中で6つの物語が同時進行しているようなおもしろさのある図案です。

図案 62〜65 ページ

Het dagelijkse leven in Nederland
オランダの日常

オランダは四季の変化に富み、人々はそれぞれの季節の楽しみ方を心得ています。花と緑があふれ、美しい海岸線や運河もあり、ミースはデザインソースに事欠かなかったことでしょう。ここではオランダでの暮らしぶりがうかがえる図案や懐かしさを感じるモチーフをご紹介します。

写真の中で花に囲まれているミース。34・35ページではクラシックカーのデザインを掲載していますが、自身は車の免許は持っていませんでした。かわりに最晩年まで大人用三輪車を愛用していて、皆にあいさつしながら走る姿は小さな村の中で有名だったそうです。

ミースが「王宮」をデザインした時に描いた水彩画。マス目の中は几帳面に彩色され、色の境目は黒線で区切られている箇所もあります。欄外にはオランダ語の色名や糸の色番号も書き込まれています。

11 王宮
Koninklijk Paleis

アムステルダムのダム広場に建つ歴史的な建造物です。オランダの黄金時代と呼ばれた17世紀に市庁舎として建設され、後に奉献されて王宮となりました。現在もロイヤルファミリーのレセプションで使用されています。小さく描かれた人々との対比で堂々とした姿が際立っています。

図案 **A面**

12 ピンクのコテージ
Roze huisje

オランダはレンガの壁の家が多く見られます。家の前では女の子が輪になって遊び、乳母車を押す母親とイヌの姿も。

図案 24 ページ

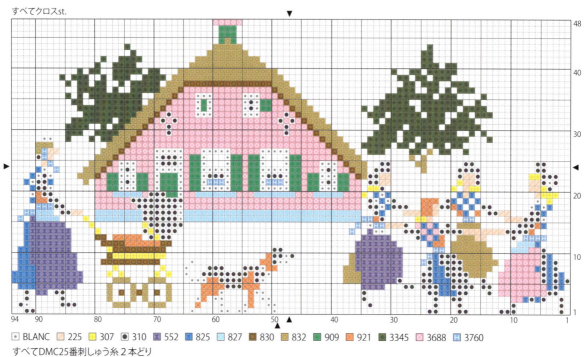

| ⊡ BLANC | 225 | 307 | ● 310 | 552 | 825 | 827 | 830 | 832 | 909 | 921 | 3345 | 3688 | 3760 |

すべてDMC25番刺しゅう糸 2本どり
刺し上がりサイズ目安　リネン32ct（12目／1cm ※2×2目を1目）で約7.6×約14.9cm

13 村人のダンス
Dorpsdans

村祭りでしょうか、バイオリンに合わせてダンスを楽しんでいます。女性は白い帽子とエプロンに身を包んで、足元はもちろん木靴です。

図案25ページ

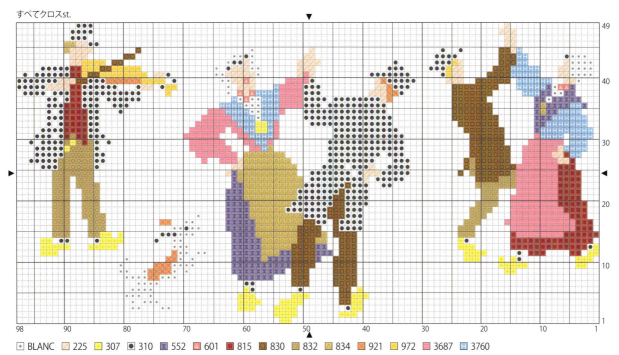

□ BLANC　■ 225　■ 307　● 310　■ 552　■ 601　■ 815　■ 830　■ 832　■ 834　■ 921　■ 972　■ 3687　■ 3760

すべてDMC25番刺しゅう糸 2本どり
刺し上がりサイズ目安　リネン32ct（12目／1cm ※2×2目を1目）で約7.8×約15.6cm

14 氷上の遊び
Spelen op het ijs

オランダは現在もスケート王国として知られていますが、それは運河や池が天然のスケートリンクになるから。スケートは冬の定番の遊びです。

図案
26
ページ

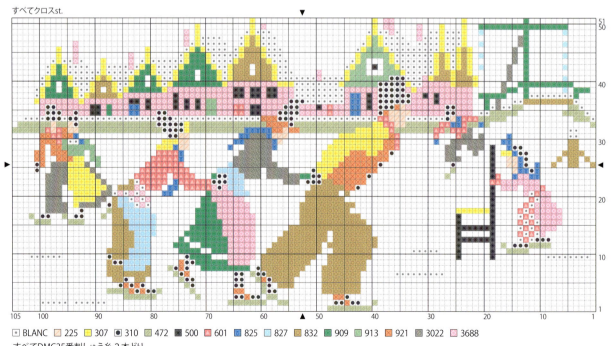

☐ BLANC 225 307 ● 310 472 ■ 500 601 825 827 832 909 913 921 3022 3688

すべてDMC25番刺しゅう糸 2本どり
刺し上がりサイズ目安　リネン32ct（12目/1cm ※2×2目を1目）で約8.1×約16.7cm

15 イス型のソリ

Sleeën

小さな子どもはイス型のソリに乗せてもらいます。作品14の右側にいる子のように、食卓用のイスを使ってスケートの練習をすることもあります。

図案 27 ページ

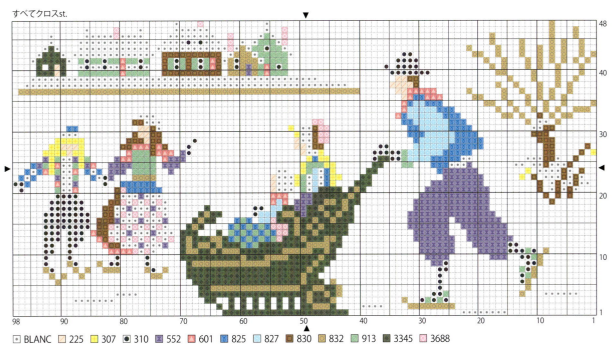

○ BLANC　225　307　● 310　552　601　825　827　830　832　913　3345　3688

すべてDMC25番刺しゅう糸 2本どり
刺し上がりサイズ目安　リネン32ct（12目/1cm ※2×2目を1目）で約7.6×約15.6cm

16　オランダの12か月
Twaalf maanden

季節の移り変わりをカレンダーのように描いたデザイン。それぞれの図案に添えられている文字は単純に1月・2月という月の呼び名ではなく、絵柄や季節を象徴する言葉（オランダ語）と韻を踏んでいたり、ミース流の言葉遊びになっているようです。

図案
66~71
ページ

描かれている文字と絵柄

Louwmaand（1月）	雪遊び
Sprokkelmaand（2月）	薪拾い
Lentemaand（3月）	畑仕事
Grasmaand（4月）	雨降リ
Bloeimaand（5月）	開花
Zomermaand（6月）	夏の始まり
Hooimaand（7月）	干し草作リ
Oogstmaand（8月）	水遊び
Herfstmaand（9月）	新学期
Wijnmaand（10月）	収穫
Slachtmaand（11月）	聖マルティンの日（収穫祭）
Wintermaand（12月）	聖ニコラウスの日（12月5日）

17　メリークリスマス！
Vrolijk Kerstfeest

キャンドルには金色のスパンコールがつけられています。子どもたちが真冬の装いなのもかわいらしい。縦長のデザインなのでリネンテープに刺しても。

図案
72
ページ

18 アイススケート
Schaatsen

なんてたくさんの人々がスケートを楽しんでいるのでしょう！ 優雅に滑っているペア、スピード狂、尻もちをついている子もいます。奥の東屋では楽団がBGMを奏でています。右手にある小屋はクッキー＆ゾーピーという屋台で、オランダのスケート場には欠かせないもの。温かい飲み物と軽食を売っています。

図案
74～79
ページ

19 ソリ遊び
IJspret

作品18の図案の一部をミニ額に。水玉柄のリネンに刺して、雪が降っているように見せています。

図案
A面

20　駅馬車
Postkoets

4頭立ての駅馬車には荷物がたっぷりと積み込まれ、旅行者とイヌまで乗り込んでいます。19世紀半ばに鉄道が普及するまではこんな駅馬車が停留所の間を運行して、乗客や郵便を運んでいました。

図案80〜85ページ

21 クラシックカー
Oude autootjes

19世紀初めにガソリン自動車が登場した頃の名車たち。それぞれの車の特徴が細部まで表現されています。優雅なパラソルや羽飾りをつけた帽子など、ご婦人たちも当時のファッションに身を包んでいます。

図案 B面

タペストリーの作り方
…102ページ

クラシックカーを1台ずつステッチしてクッションに。シックな部屋のアクセントになります。男の子のバッグなどに刺しても喜ばれそう。
図案…B面（作品 **21** の一部を使用）
クッションの作り方…102ページ

Dieren en planten
動物と植物

色とりどりの羽根をもつ鳥、牧場のウシやウマ、ブタ、ウサギなどさまざまな動物たちもミースのデザインのモデルになりました。またオランダのベルゲンにあった家には素敵な庭があり、ミースは周囲に花を絶やすことはなかったそうです。動物や植物の図案は子どもたちなどのデザインとはタッチが異なり、色使いも繊細です。イラストレーターとして活躍していた観察眼やデッサン力がいかされているのが感じられます。

作品 3・22・23・26 の図案の一部を使ったブローチ。

22 鳥の木
Vogel boom

大きな木に18羽の鳥が集まってきました。羽根の色があまりにもきれいなので、鳥の花のように見えます。木の枝ぶりや葉の様子もリアルに表現されています。

図案 86〜91 ページ

23 農場
Boerderij

農場では動物と人々が一緒に楽しく暮らしています。ウサギや子ヒツジが自由に動きまわり、隣人の青サギはアヒルにあいさつしています。庭の柱で巣作りしているコウノトリの姿を見ることもできます。

図案 92〜97 ページ

このデザインは材料つきのキットとしても販売されていたようで、完成したものをブロカント(蚤の市)で見つけました。牧場を思わせるグリーンのコットンにステッチされ、周囲もきれいに始末してあります。

羽ばたくカモをくるみボタンのブローチに。
白いリネンを淡い空色に染めて使っています。
図案…92〜97ページ (作品 **23** の一部を使用)

24・25 フラワーベース
Bloemenvaas

花瓶に投げ入れた花。あちこちに向いた花や葉の表情をスケッチしました。花の色が引き立つ色のリネンに刺して、いつでも持ち歩けるミニバッグに仕立てています。

図案 73 ページ

ミニバッグの作り方 …103ページ

26 野に咲く春の花

Lentebloemen uit het veld

春の訪れを告げる花で埋め尽くしたデザイン。植物図鑑のように、35種類もの花と5匹の昆虫やカエルが描かれています。ひとつずつじっくり観察して、クロスステッチの図案に描き起こしたことがうかがえます。

図案 98〜101 ページ

クロスステッチ 基礎ノート

※ 25番刺しゅう糸の扱い方
この本の作品はすべてDMC25番刺しゅう糸を使用しています。

1 25番刺しゅう糸は細い糸6本をゆるくより合わせた状態になっている。ラベルは外さずに、6本どりのまま糸端をつまんでそっと引き出す。(ラベル部分を押さえる)

2 40～50cm程度にカットする。糸が長すぎると刺していくうちに毛羽立ってくるので注意。

3 切った糸端のよりを軽くほぐし、細い糸を1本ずつ引き抜く。

4 必要な本数を引き抜いたら、糸端をそろえてまとめる。糸を1本ずつ抜いてそろえ直して使うことで、針目がふっくらときれいに仕上がる。

※ 針に糸を通す
2本どり以上の刺しゅう糸も一度で針に通します。

  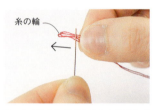 

1 糸端を針の頭の薄い部分（針穴の側面）に引っかけて二つ折りにする。

2 針穴部分の糸を指先ではさみ、つぶして平らにする。指ははさんだ状態のままで、針を下へ引き抜く。

3 糸をはさんだ指をそのまま離さずに、二つ折りで平らになった糸の輪を針穴へ通す。

4 針穴に通った糸の輪をつまんで引き出す。

※ クロスステッチ針

クロスステッチには針穴が大きく、布の織り糸や刺してある糸を割らないように針先が丸くなった専用の針を使う。刺しゅう糸の本数や太さ、布の厚さ・織り目の密度に合わせて針の番手を使い分けると刺しやすく、きれいに仕上がる。

大きな針穴は糸が通しやすい / 針先は丸くなっている

刺しゅう糸と布に合わせたクロスステッチ針の目安

	太い/長い ←── 針の太さ・長さ ──→ 細い/短い					
クロスステッチ針の番手	19番	20番	21番	22番	23番	24番
25番刺しゅう糸の本数	6本	5～6本	4本	3本	2本	1～2本
	厚い/粗い ←── 布の厚さ・織り目の密度 ──→ 薄い/細かい					

針の番手はクロバー（株）のもの。他社・海外製品は呼称・番手が異なる場合がある。

※ 抜きキャンバスの使い方
織り目の数えにくい布にもクロスステッチができます（作品4に使用）。

 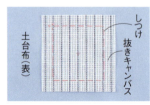  

抜きキャンバス 織り目の大きさがいくつかあるので、図案や作品アイテムに合わせて選ぶ。

1 土台布の上に抜きキャンバス（図案より大きめに用意）を重ね、周囲をしつけで仮どめする。

2 キャンバスの織り糸に合わせてクロスステッチをする。この抜きキャンバスの場合は大きいマス目の中心に針を入れ、織り糸2×2本を1目として刺す。

3 刺し終えたら裏で糸端を始末して（43ページを参照）しつけを外す。スプレーでキャンバスに霧を吹き、のりを溶かしておく。

CROSS STITCH BASICS

※ 刺し始め・刺し終わりの糸端の始末　糸端をきれいに始末すれば、裏側もすっきり仕上がります。

刺し始め

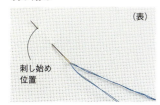 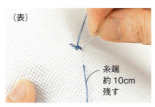 **糸端の始末**

1　玉結びはせず、少し離れた位置から針を入れ、刺し始め位置に針を出す。

2　1の糸を引き、表に糸端を10cm位残して刺し始める。残した糸端は後で始末する。

3　刺し終わりは、糸端を裏に渡っている糸にくぐらせて始末する。1目めは右図のように糸をからげると抜けにくくなる。

4　裏に渡っている糸を3目位すくい、糸を引いて切る。糸を引きすぎて表の針目に響かないように注意。

5　刺し始めの糸端も始末する。2で残した糸を裏へ引き出し、針穴に通す。

6　3・4と同様に、裏に渡っている糸をすくってくぐらせ、カットする。

7　糸始末を終えたところ。裏の糸が縦に渡っている時は、右図を参照して蛇行するように糸をくぐらせる。

※ クロスステッチで針を入れる位置

アイーダのようにマス目のはっきりした布や織り目の粗い布は、マス目（織り目）1目に✗ひとつを刺す。リネンのように織り目の細かい布は織り糸2×2本に✗ひとつを刺す。

刺しゅう用リネン
織り糸2×2本に✗ひとつを刺す。
→図案では「※2×2目を1目」と表記

アイーダ（刺しゅう専用布）
1マスに✗ひとつを刺す。

抜きキャンバス
大きいマス目に針を入れ、織り糸2×2本に✗ひとつを刺す。

4　キャンバスの端から織り糸を抜いていく。刺しゅうをしていない余白部分は数本を一度に抜いて大丈夫。

5　刺しゅうがしてある部分は針目をくずさないように織り糸を1本ずつ抜く。毛抜などを使い、土台布と平行にまっすぐ引き抜く。

6　縦・横の織り糸を全部抜いたら、土台布を縦に引っ張って布目を整える。布目と一緒に針目もそろう。横にも同様に引っ張る。

7　でき上がり。抜きキャンバスを使う時は少し糸を引き気味にクロスステッチを刺すときれいに仕上がる。

※ カウント・布目による刺し上がりサイズの違い

同じ図案でも、布目の大小によって刺しゅうの刺し上がりサイズが変わります。
図案を刺した時の大きさの目安は、使う布のカウントや織り目数から割り出すことができます。

布目の大きさを表す単位「カウント (ct)」

カウント(図案中では「○○ ct」と表記)は布の織り目の大きさの単位で、1インチ(約2.54cm)内の織り目(織り糸)の数を表している。32カウントは約2.54cm内に織り目が32目(=織り糸が32本)入っているということ。合わせて「○目／1cm (= 1cm内に○目織り目が入っている)」というcm単位の表記もしている(アイーダなど目の粗い布は10cm単位)。どちらの場合も数が大きいほど布目が細かく、クロスステッチの刺し上がりサイズが小さくなる。

同じ図案をカウントの違うリネンに刺してみると…(すべて実物大)

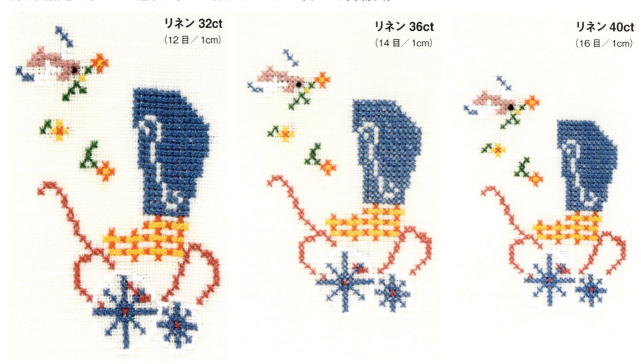

リネン 32ct (12目／1cm)
※2×2目を1目　25番刺しゅう糸2本どり
49×35目で約7.8×約5.6cm

リネン 36ct (14目／1cm)
※2×2目を1目　25番刺しゅう糸1本
49×35目で約6.9×約4.9cm

リネン 40ct (16目／1cm)
※2×2目を1目　25番刺しゅう糸1本
49×35目で約6.2×約4.4cm

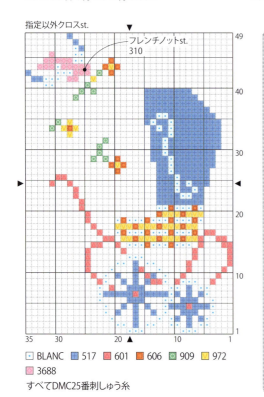

□ BLANC　■ 517　■ 601　■ 606　■ 909　■ 972
■ 3688
すべてDMC25番刺しゅう糸

刺し上がりサイズの出し方

「※2×2目を1目」で刺す時は○カウント・○目を2で割る

① 「○カウント」の布を使う場合(1インチ=約2.54cm内に織り目が○目)
刺し上がり寸法(cm) = 図案の目数÷○カウント×2.54cm
例:図案の目数35目、40カウントの布
(※2×2目を1目で刺す→ 40÷2=20)
35÷20×2.54 =約4.4cm

② 織り目が「○目／1cm」の布を使う場合
刺し上がり寸法(cm) = 図案の目数÷○目
例:図案の目数35目、16目／1cmの布
(※2×2目を1目で刺す→ 16÷2=8)
35÷8 =約4.4目

注/実際に布に刺したサイズは、糸の太さや布のゆがみがあるので計算上の数値とは若干差があることが多い。換算率の誤差により、①と②の数値に若干違いが出る(同カウントでもメーカーによって「○目／1cm」の数値が異なる場合がある)。

クロスステッチの刺し方　How to stitch

※ 基本の刺し方（×ひとつ）

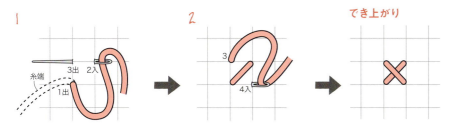

効率よく図案を刺すためのヒント

①裏に渡る糸がなるべく短くなるように刺すのが基本。
②×の重なり方（／と＼のどちらが上になるか）を図案全体でそろえて刺す（ここでは／の上に＼を重ねる刺し方で説明しているが、図案全体で統一してあれば＼→／の順に刺してもOK）。

ここでは針の進め方がわかりやすいように、針で布をすくって刺した図で説明している。実際に刺す時は、針を出したり入れたりするごとに1目ずつ針を抜いて糸を引いた方がきれいに仕上がる。

／を続けて刺した上に、＼を刺す

横方向に往復して刺す

左から刺し始める

右から刺し始める

縦方向に往復して刺す

下から刺し始める

上から刺し始める

ななめに刺し進める

ななめ方向へ進む時は×をひとつずつ完成させながら刺します。
次のマス目へ移る時に「最初に針を出す位置」を意識しながら刺すとよいでしょう。

左下から右上へ進む

右上から左下へ進む時は…

右下から左上へ進む時は…

左上から右下へ進む時は…

クロスステッチと合わせて使う刺しゅう

バックステッチ

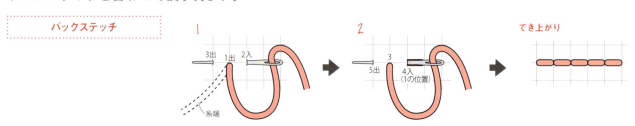

広い面積を埋めるように刺す

1列ずつ往復して刺す

上から刺し始めて、下の列へ進む　　下から刺し始めて、上の列へ進む

全体の／をまとめて刺してから＼を刺して戻る

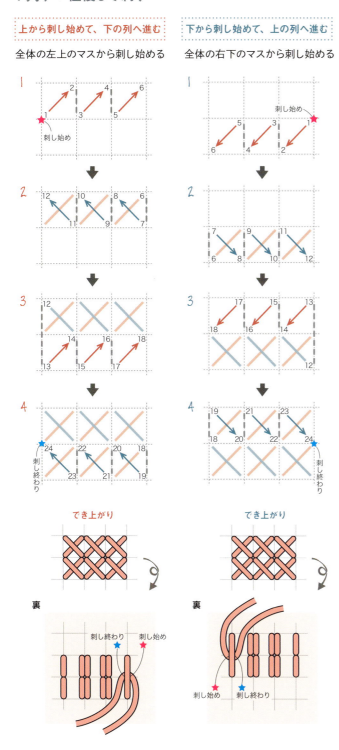

1 AからBまで／の向きで刺す。

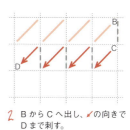

2 BからCへ出し、＼の向きでDまで刺す。

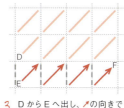

3 DからEへ出し、／の向きでFまで刺す。／を全部刺し終えた状態。

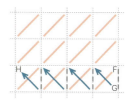

4 ＼を刺しながら戻る。FからGへ出し、＼の向きでHまで刺す。

5 HからIへ出し、＼の向きでJまで刺す。

6 JからKへ出し、＼の向きでL（刺し終わり）まで刺す。

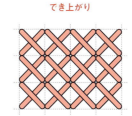

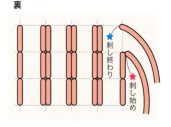

フレンチノットステッチ

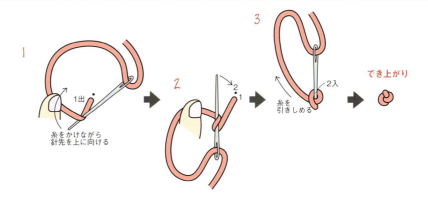

4 11ページの作品

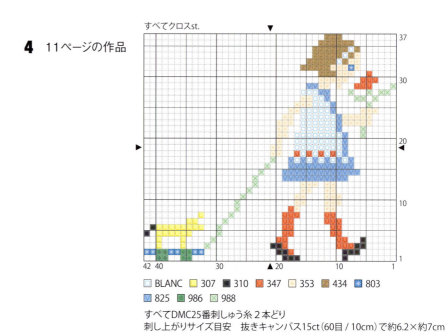

□ BLANC ・ 307 ■ 310 ● 347 △ 353 ▲ 434 ✳ 803
▽ 825 ▼ 986 ◇ 988

すべてDMC25番刺しゅう糸 2本どり
刺し上がりサイズ目安　抜きキャンバス15ct（60目／10cm）で約6.2×約7cm

6 13ページの作品

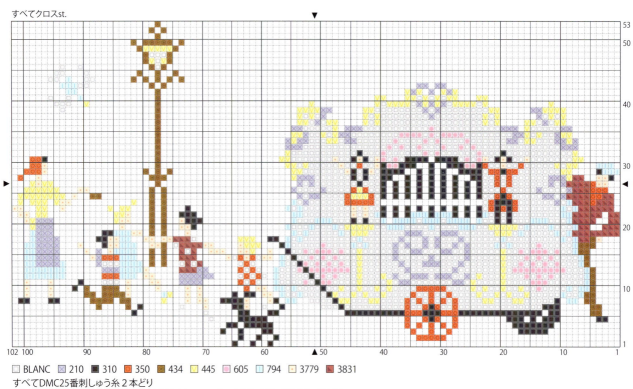

□ BLANC ▽ 210 ■ 310 ● 350 ▲ 434 ・ 445 ○ 605 ✳ 794 △ 3779 ◆ 3831

すべてDMC25番刺しゅう糸 2本どり
刺し上がりサイズ目安　リネン32ct（12目／1cm ※2×2目を1目）で約8.4×約16.2cm

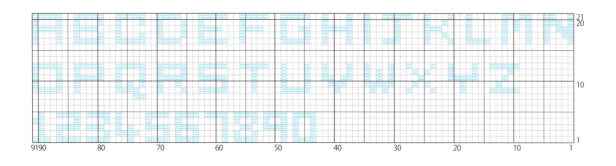

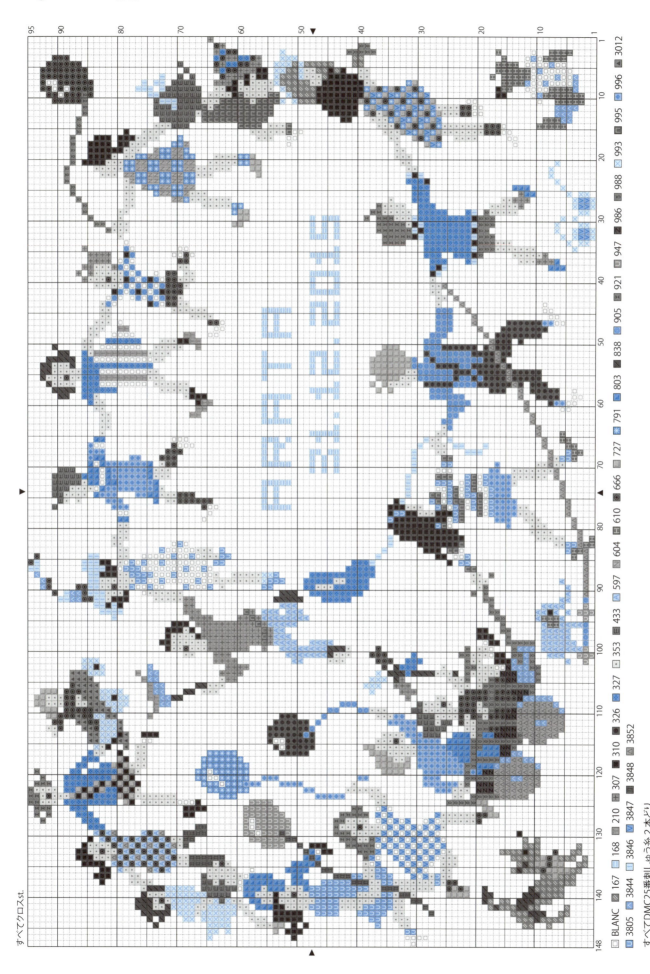

1 7ページの作品

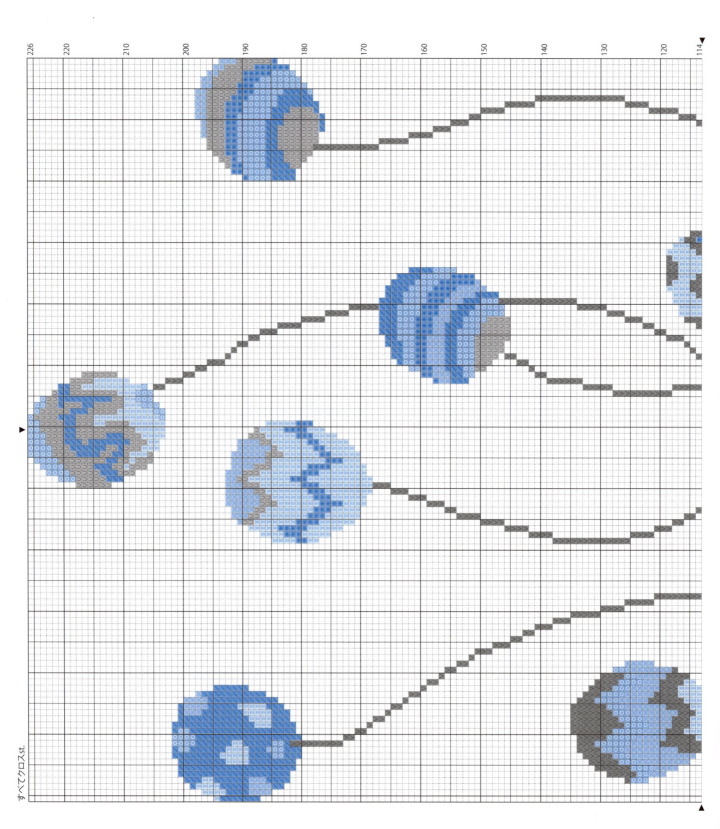

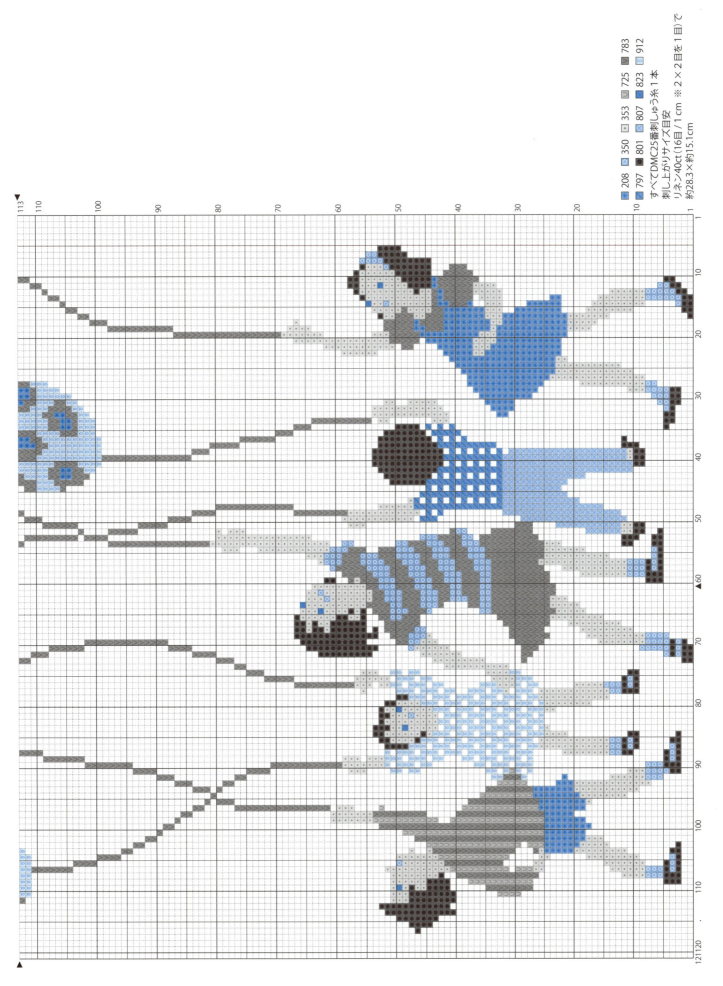

2 8ページの作品

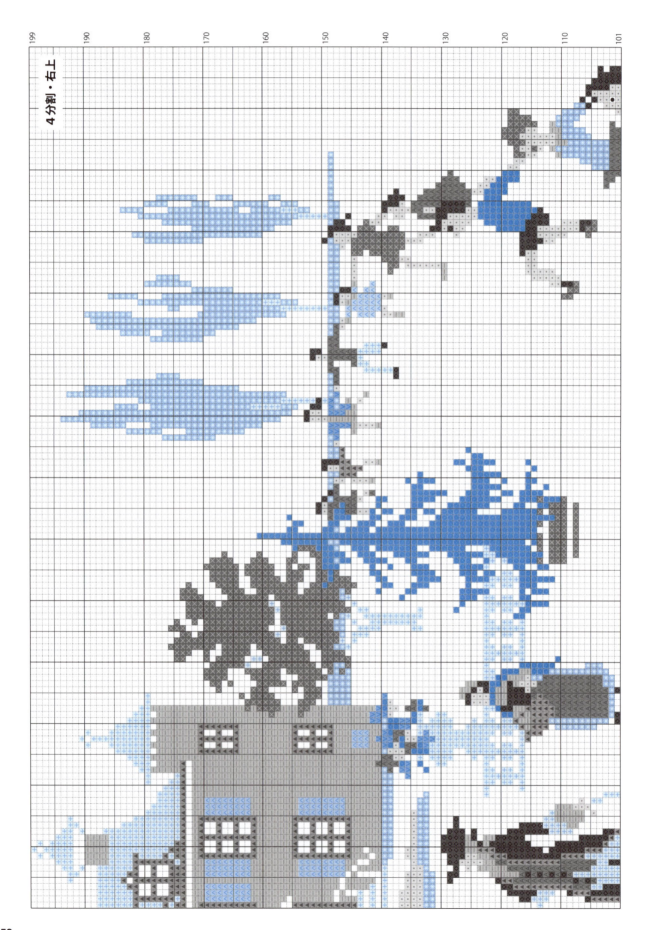

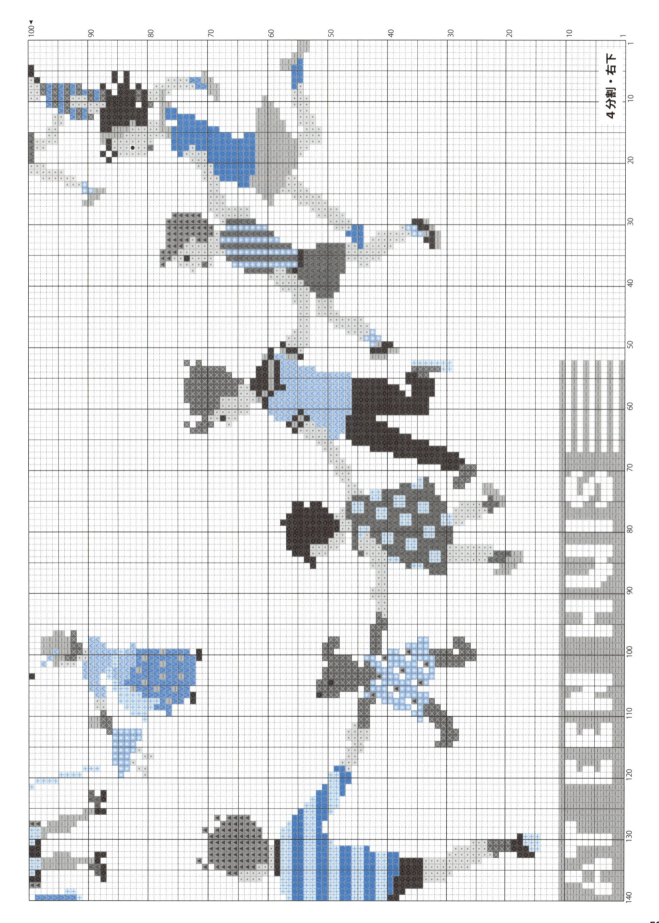

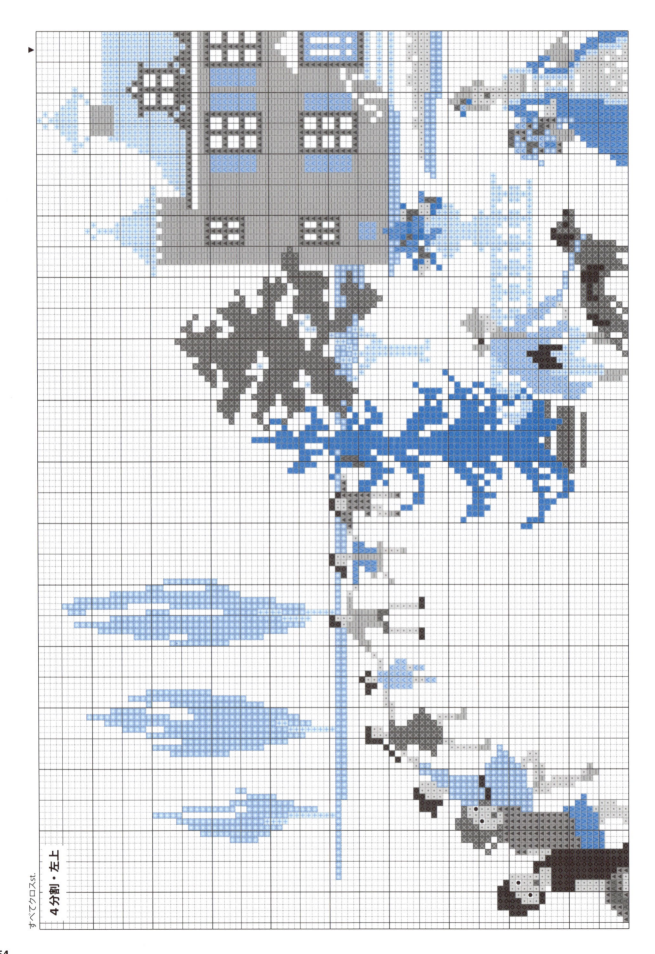

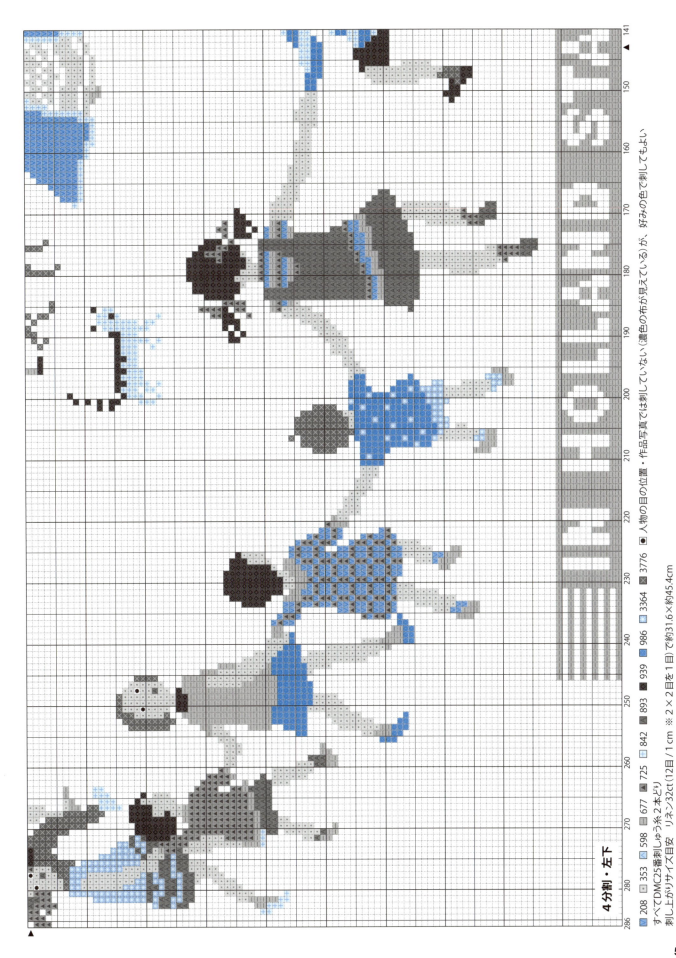

3 10ページの作品

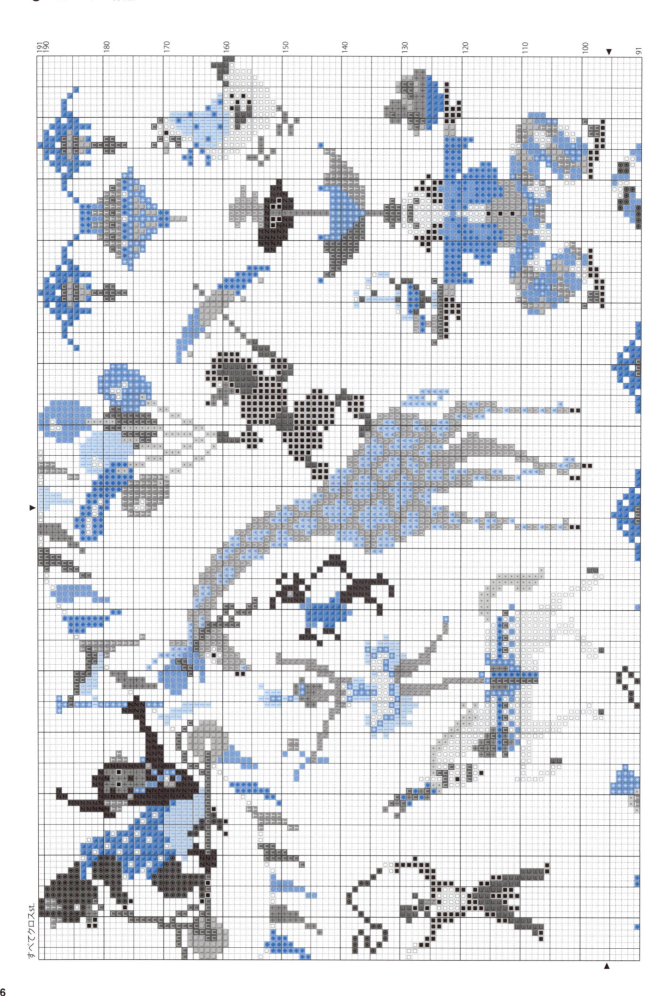

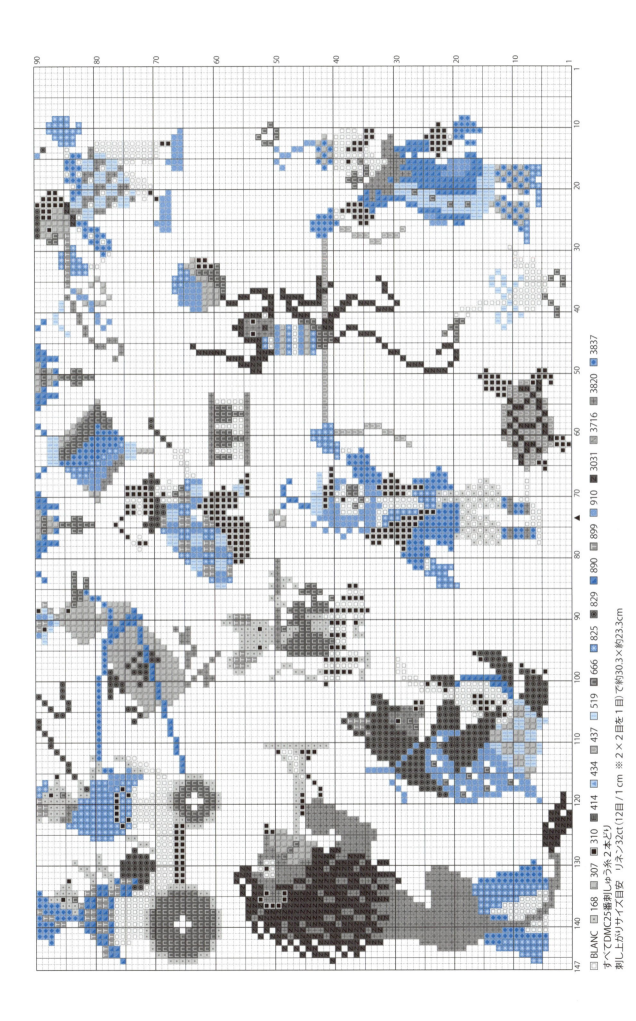

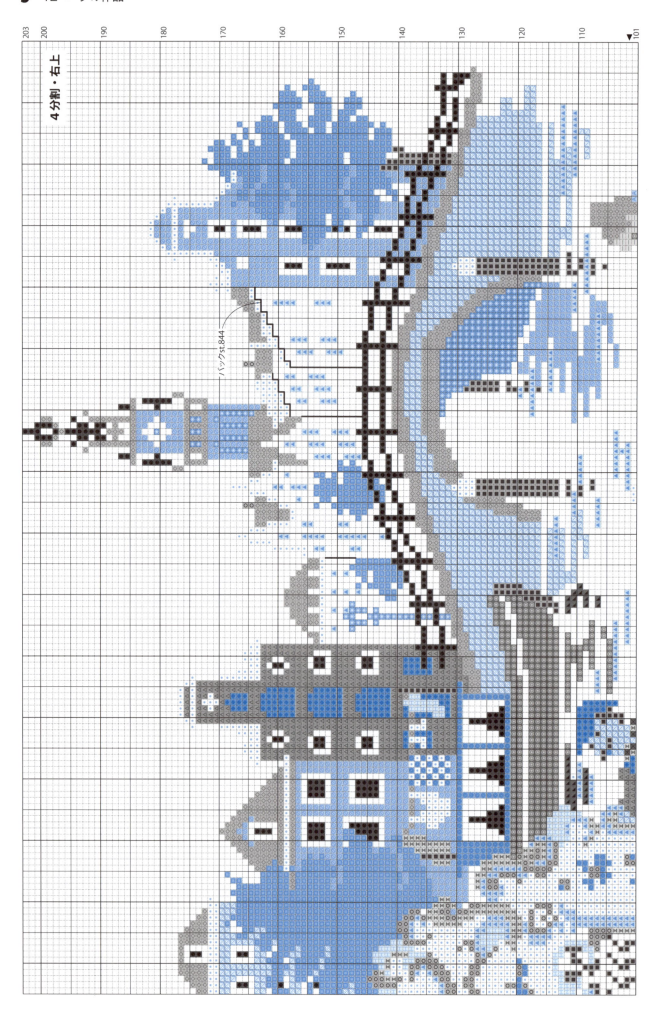

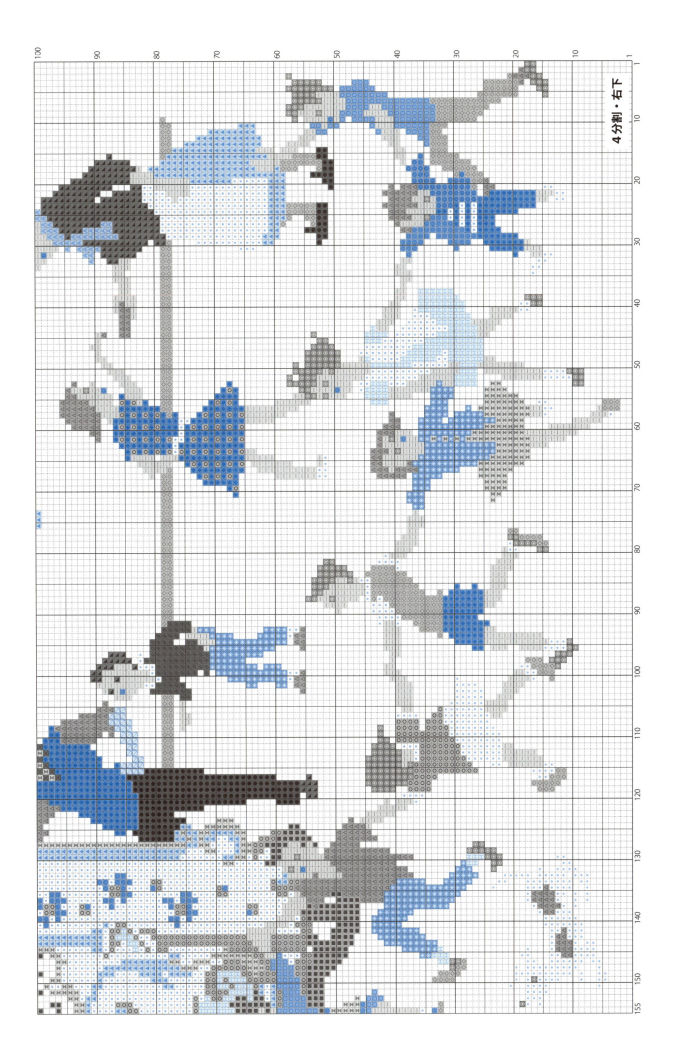

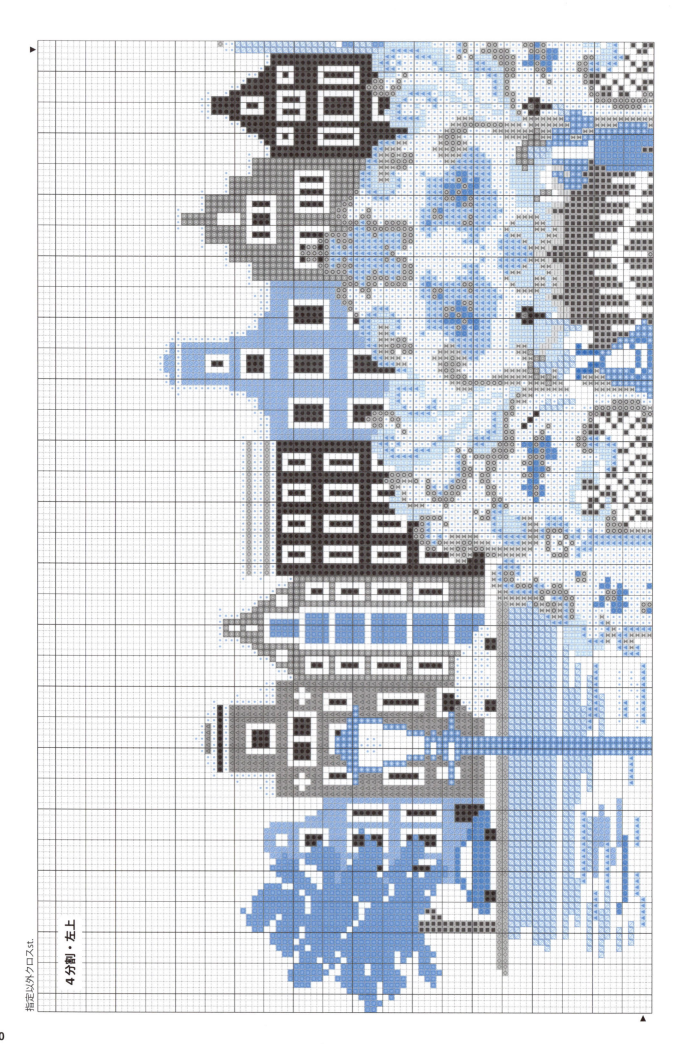

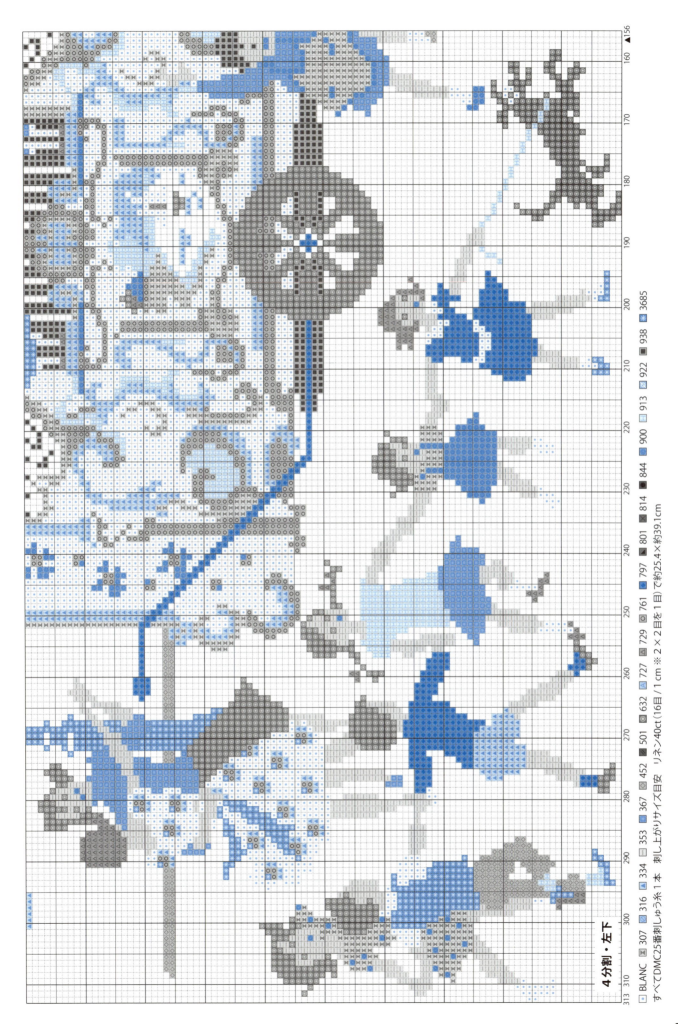

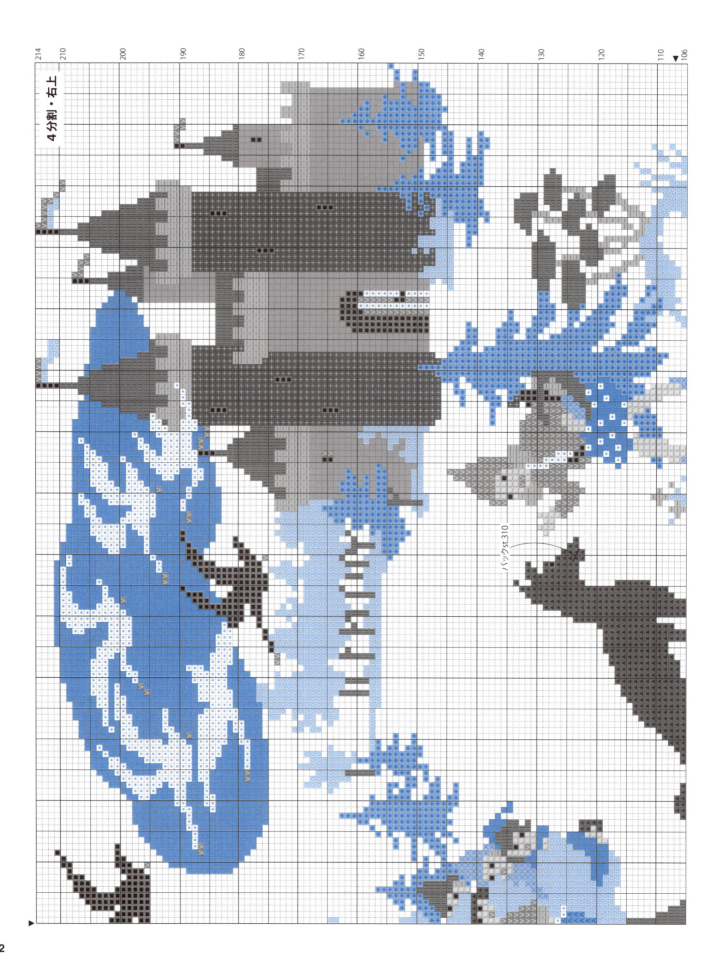

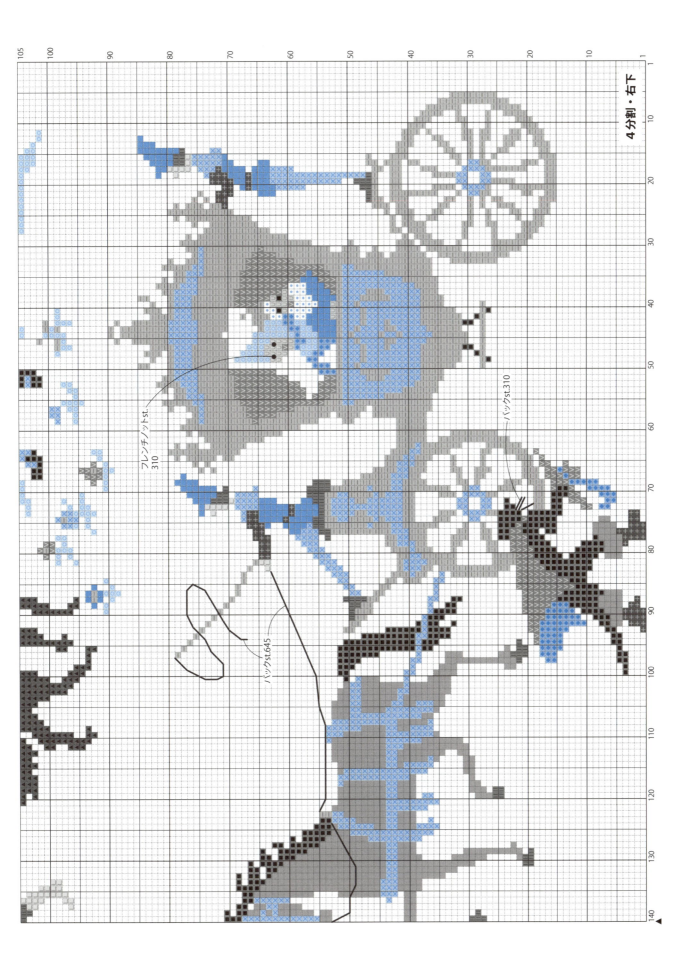

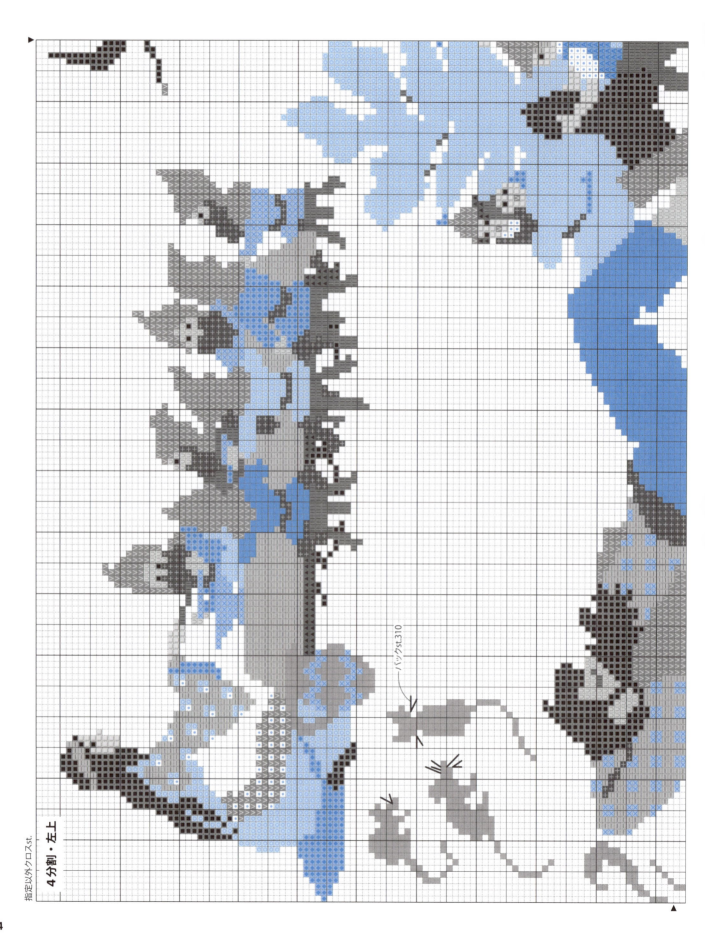

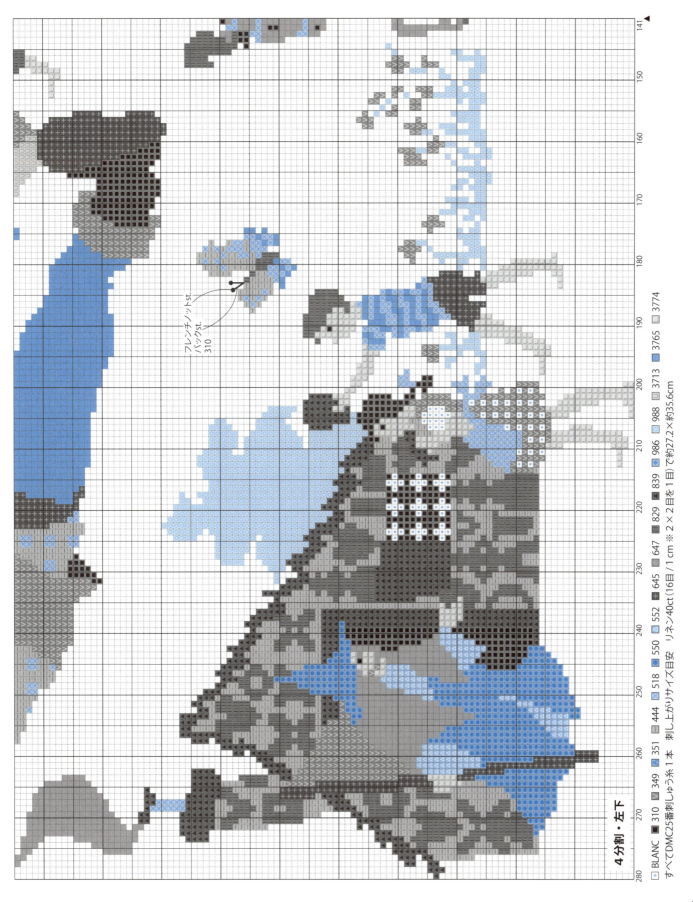

16 28ページの作品

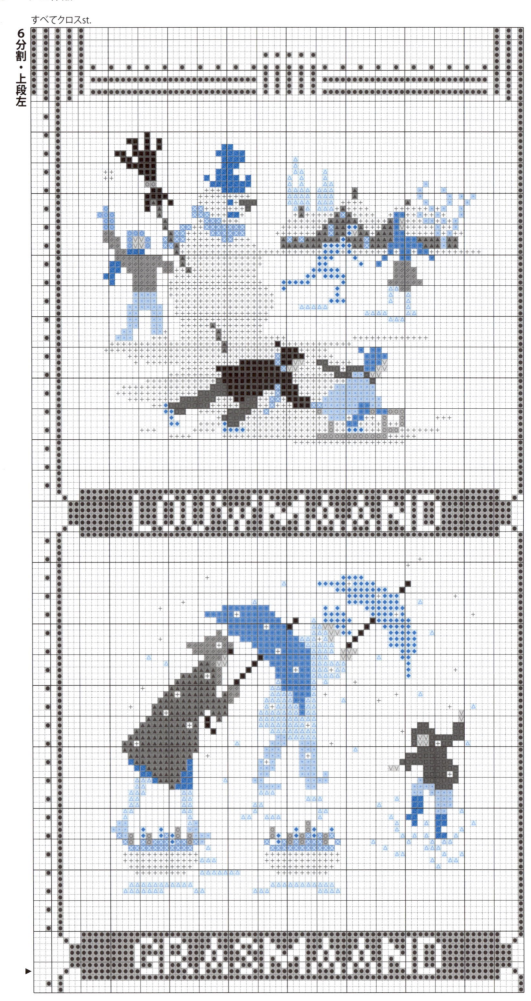

6分割・上段中央

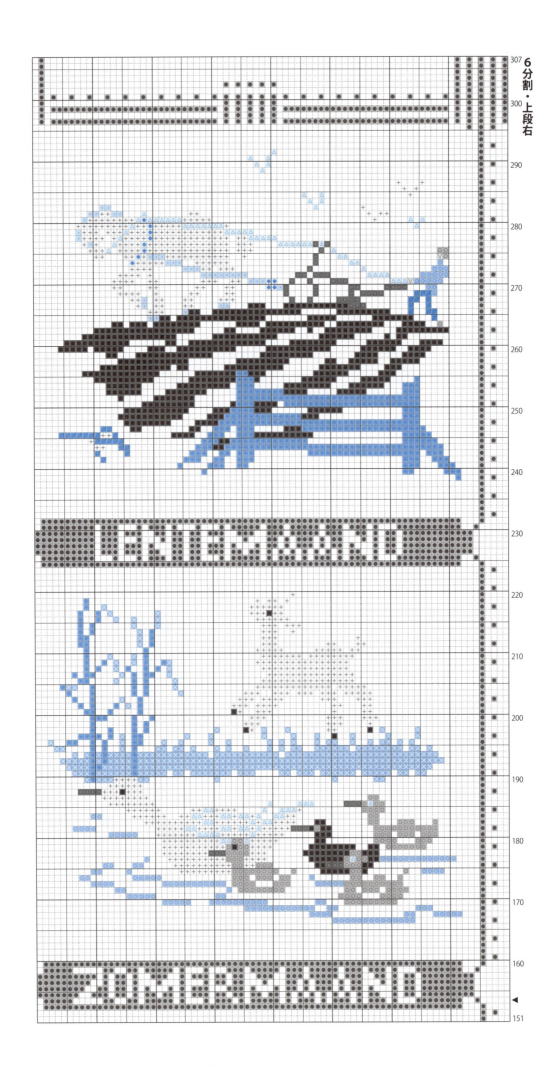

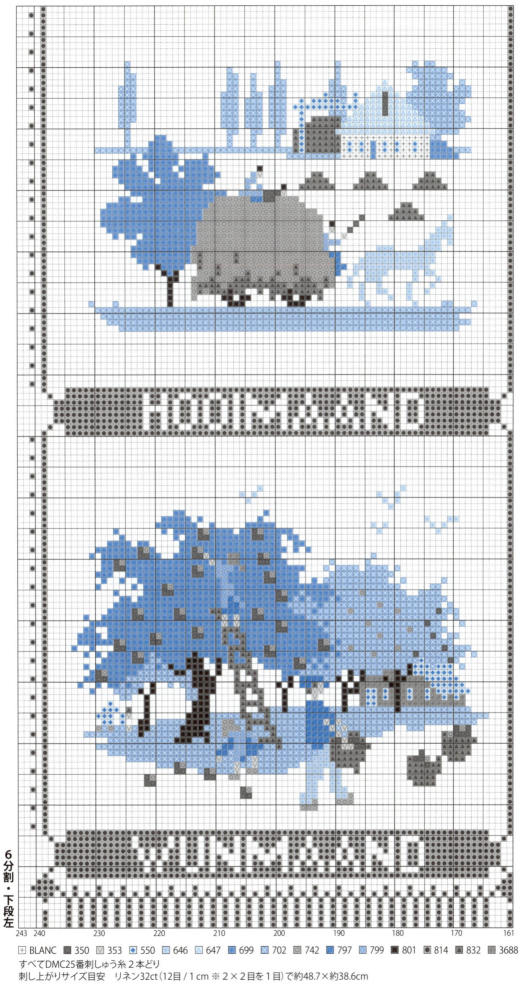

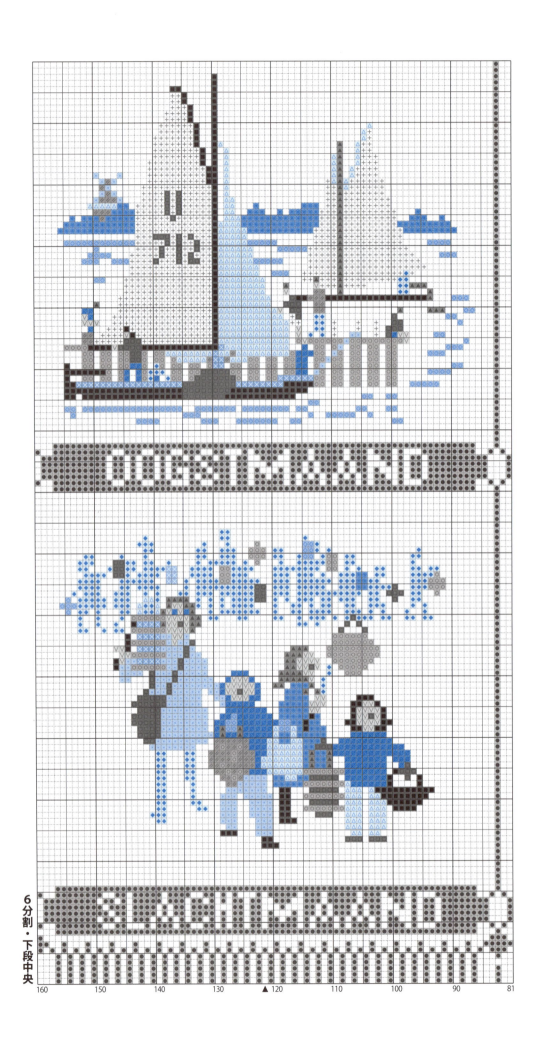

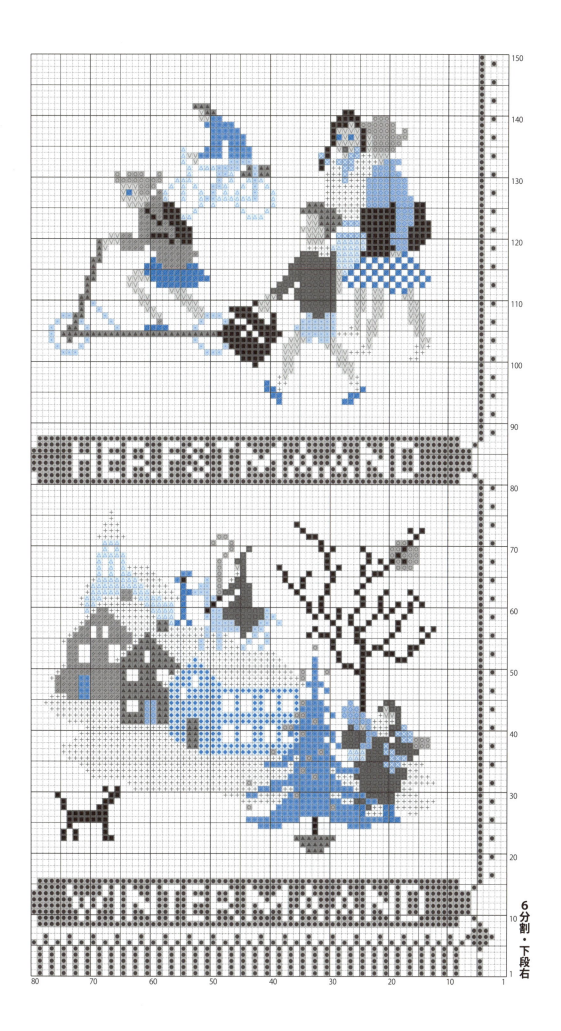

71

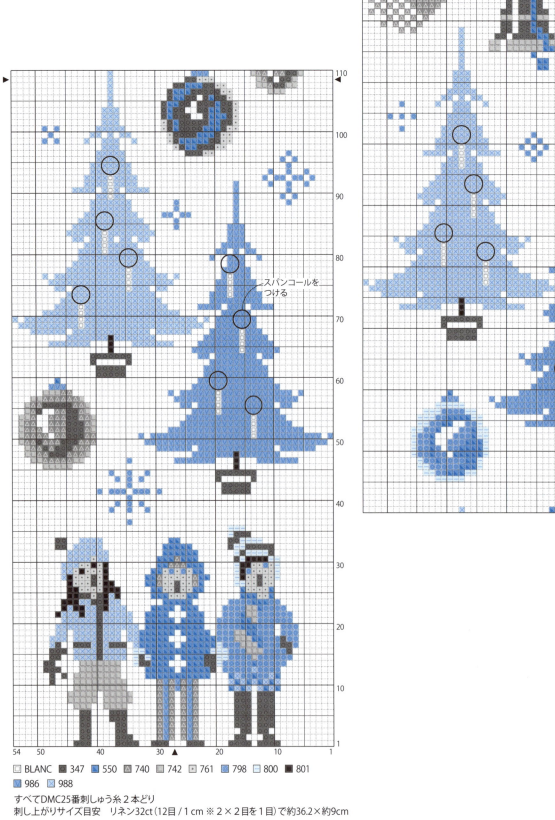

24・25 40ページの作品

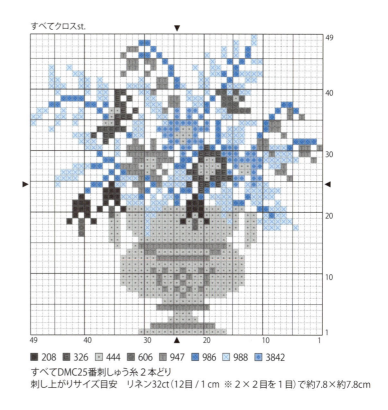

■ 208　■ 326　⊡ 444　■ 606　■ 947　■ 986　⊠ 988　■ 3842
すべてDMC25番刺しゅう糸 2本どり
刺し上がりサイズ目安　リネン32ct（12目/1cm ※2×2目を1目）で約7.8×約7.8cm

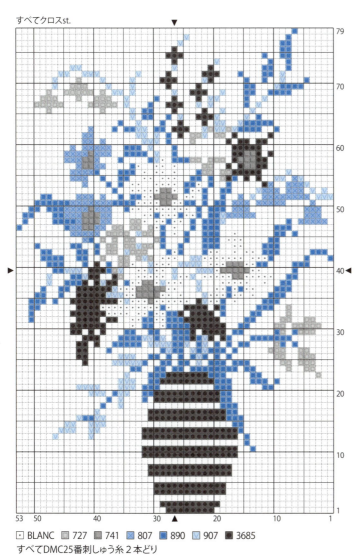

⊡ BLANC　■ 727　■ 741　■ 807　■ 890　■ 907　■ 3685
すべてDMC25番刺しゅう糸 2本どり
刺し上がりサイズ目安　リネン32ct（12目/1cm ※2×2目を1目）で約12.5×約8.4cm

18 30ページの作品

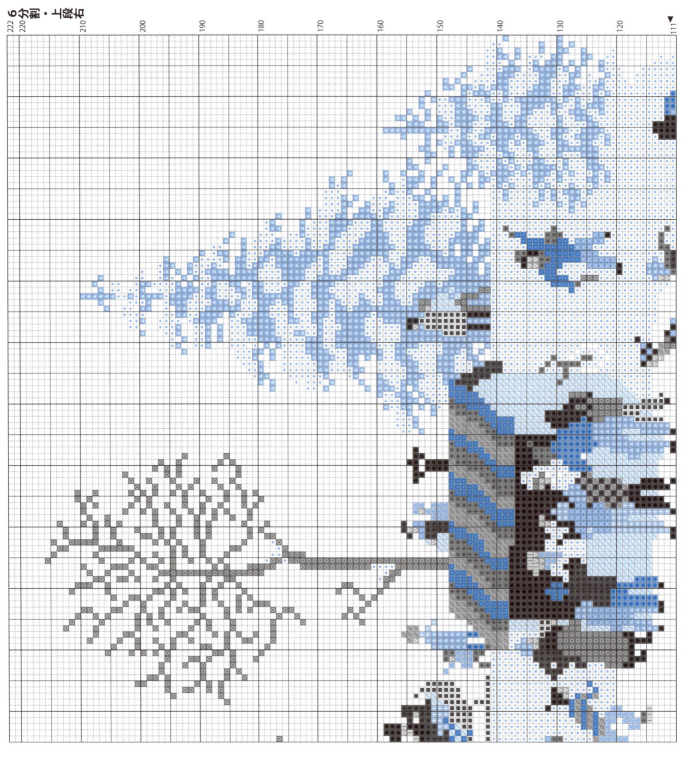

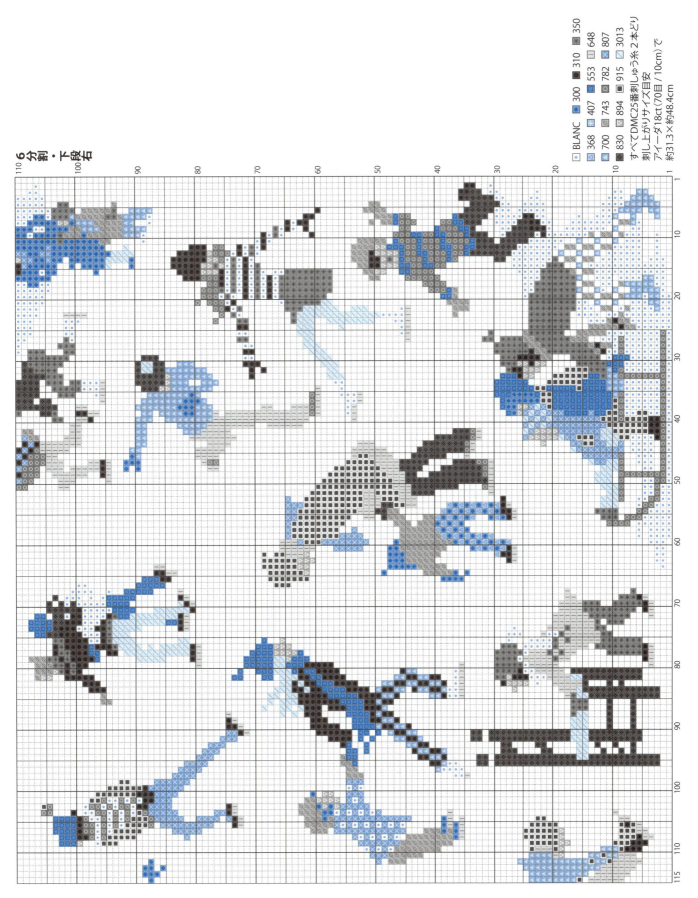

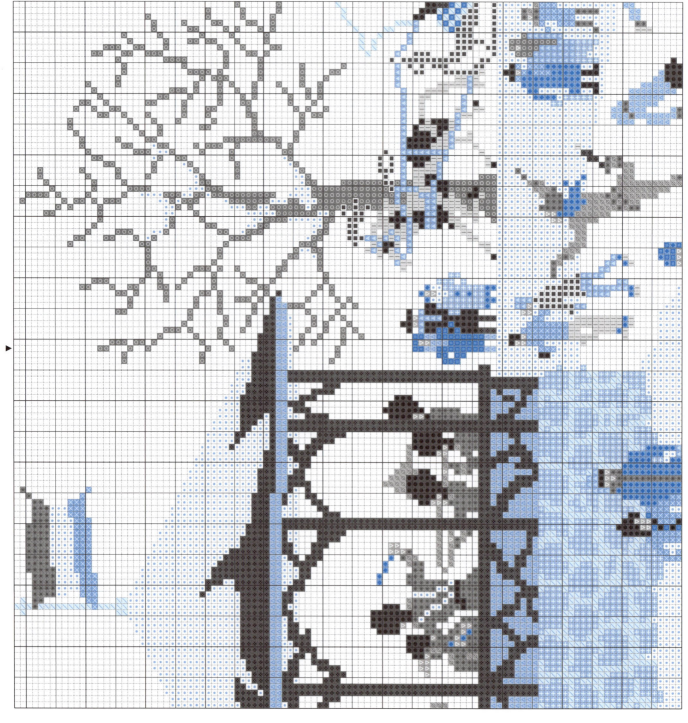

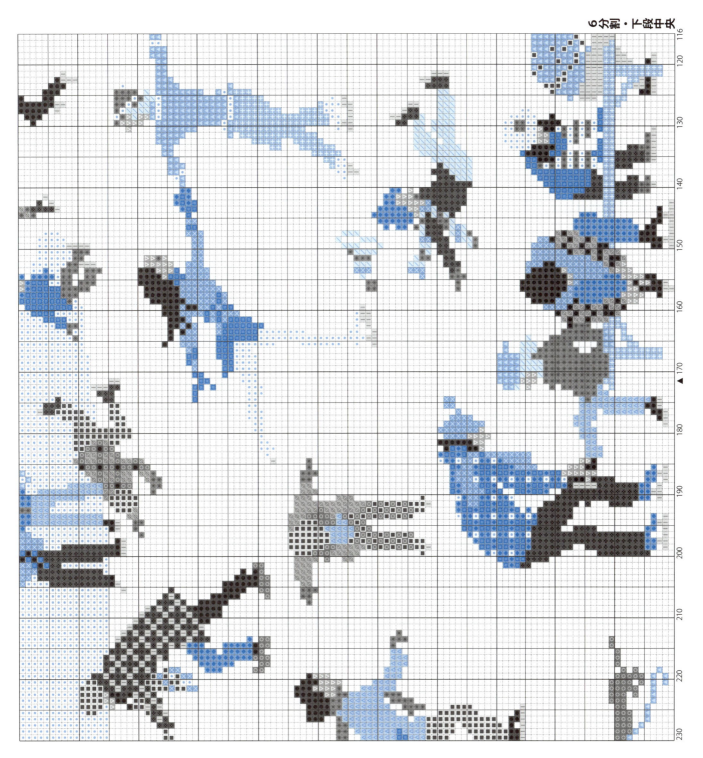

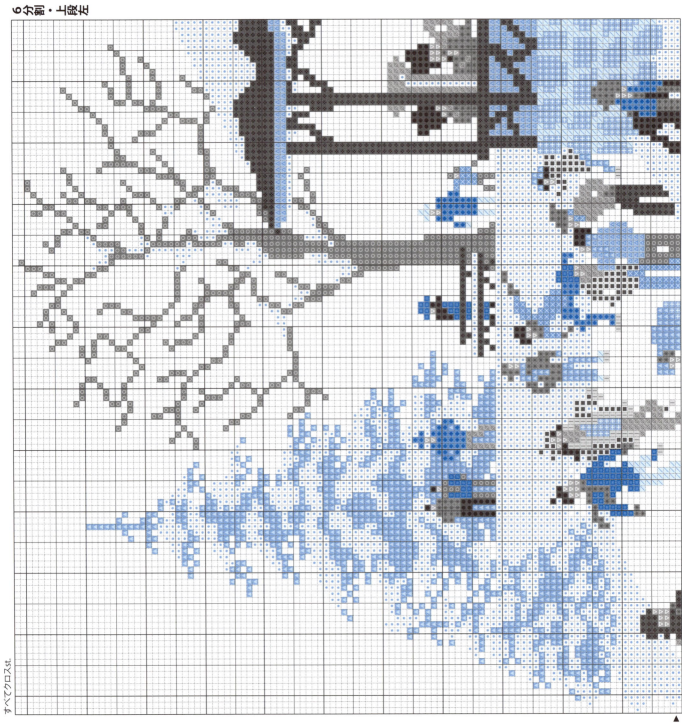

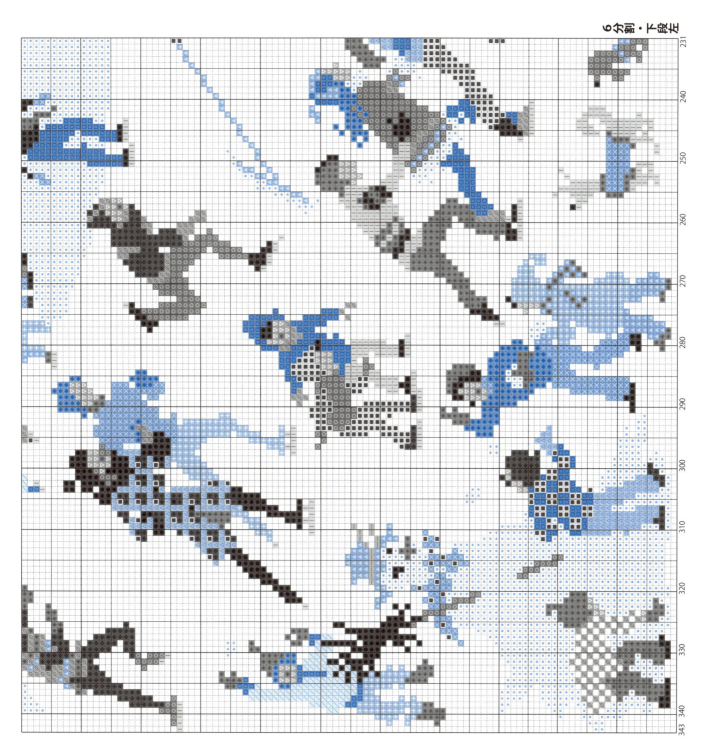

20 32ページの作品

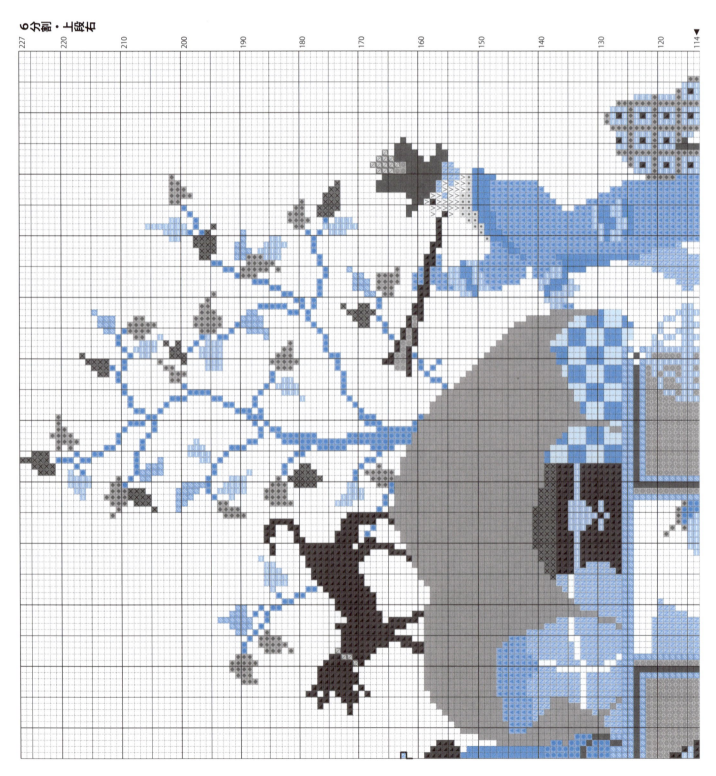

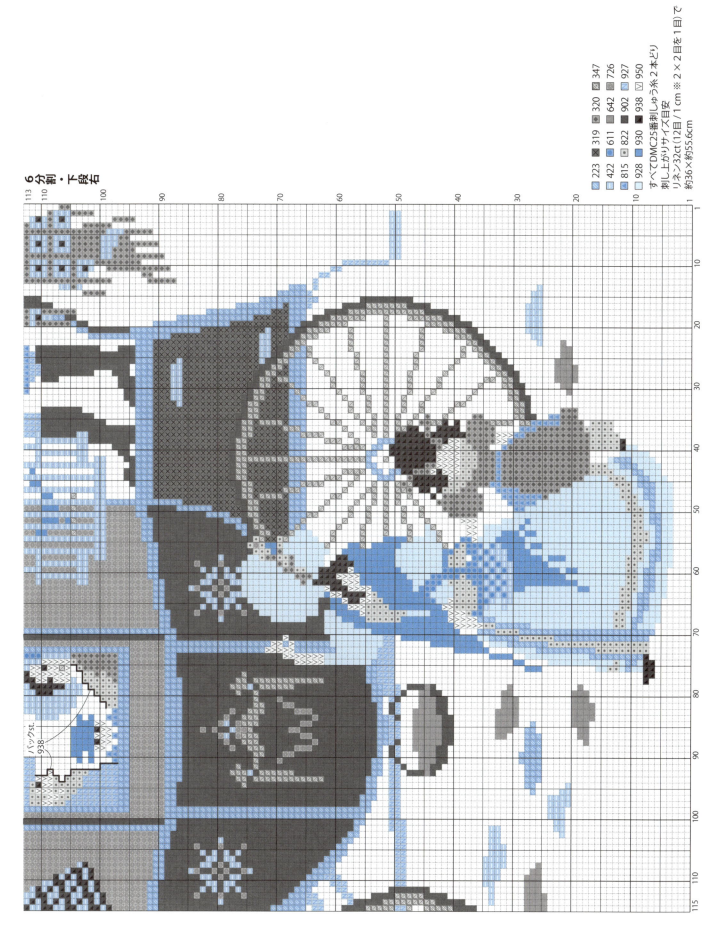

6分割・上段中央

バックst.938

6分割・上段左

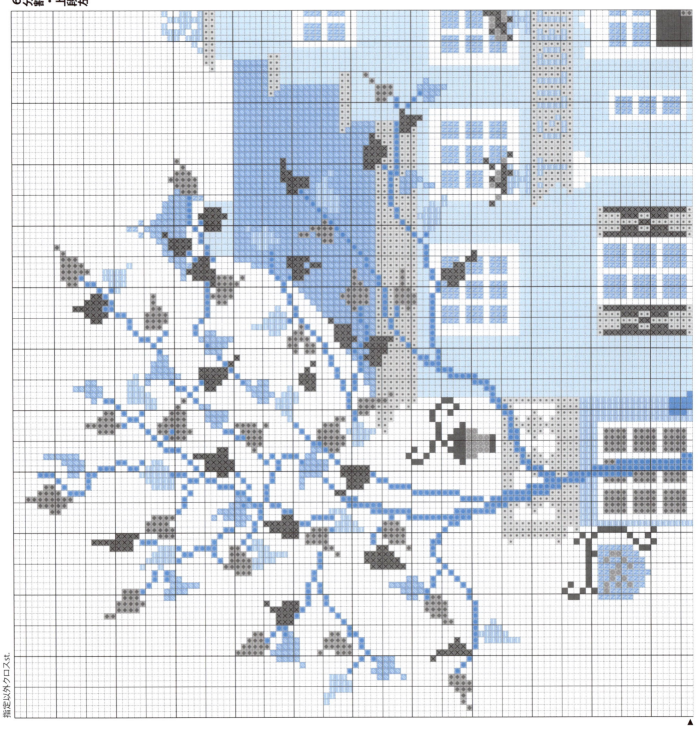

指定以外クロスst.

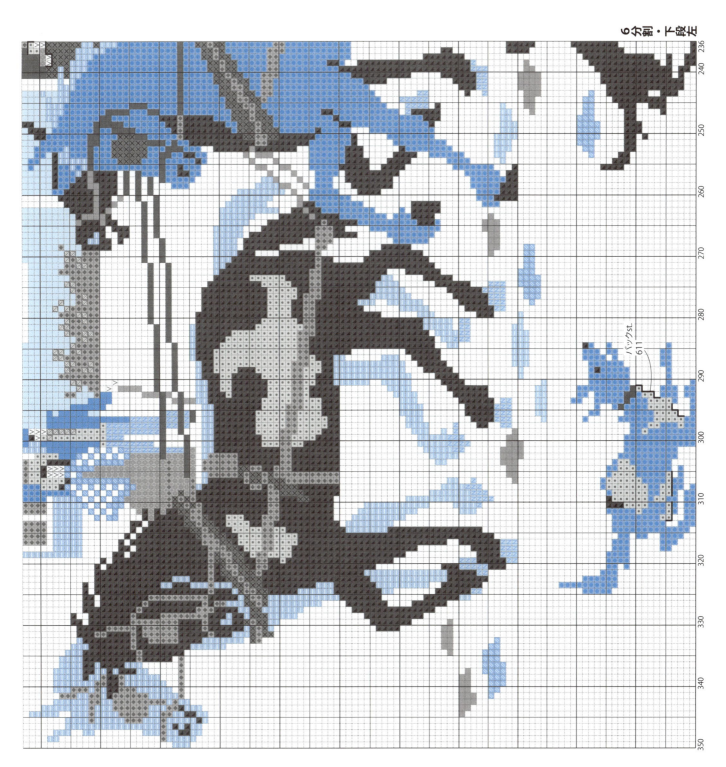

22   37ページの作品

すべてクロスst.

6分割・上段左

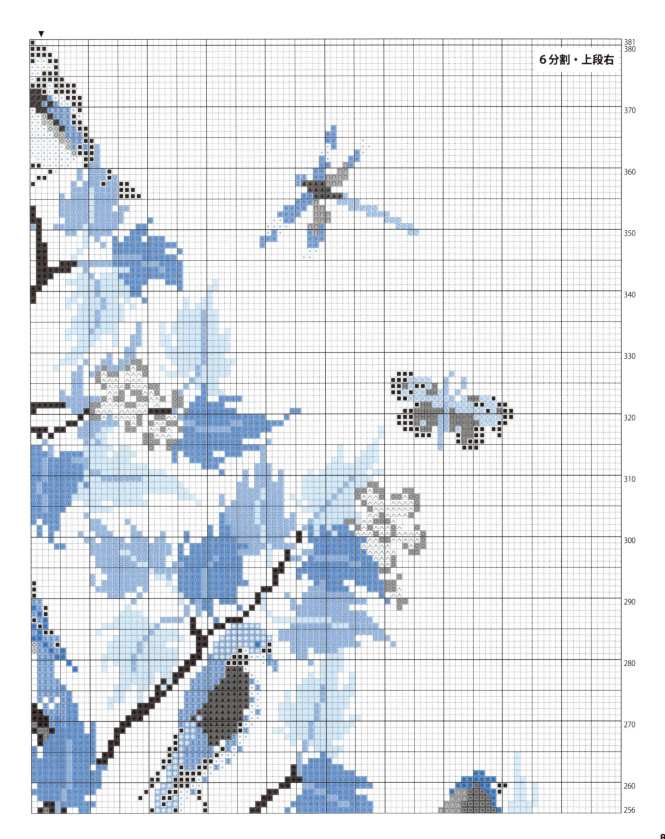

6分割・中段左

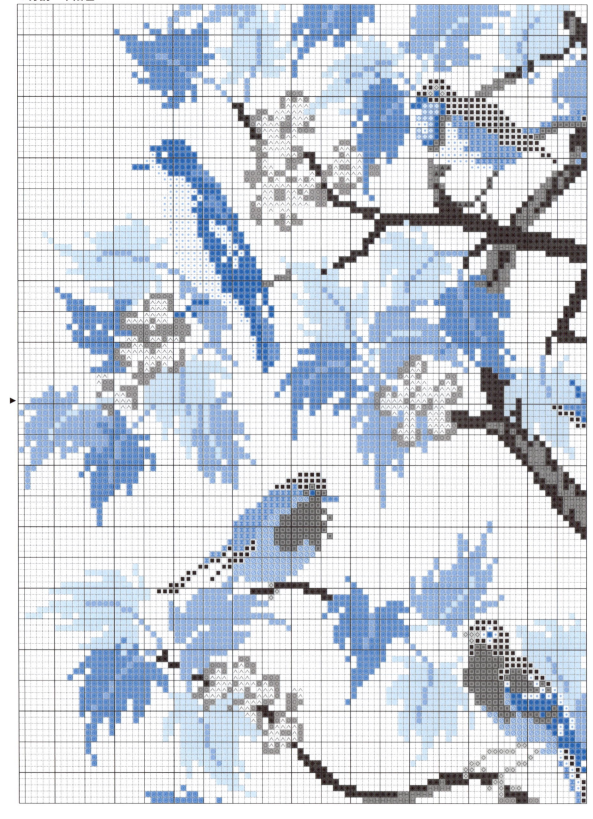

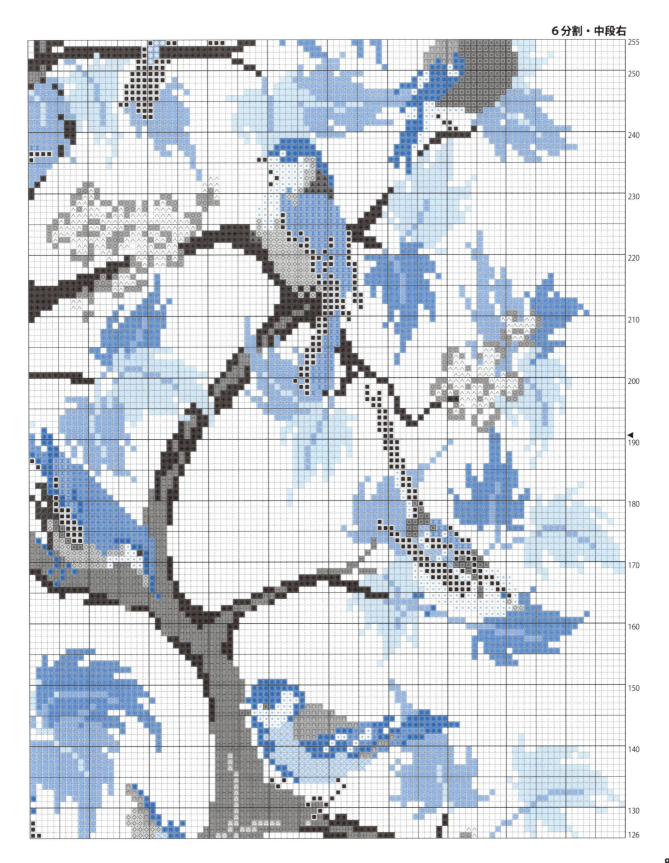

6分割・下段左

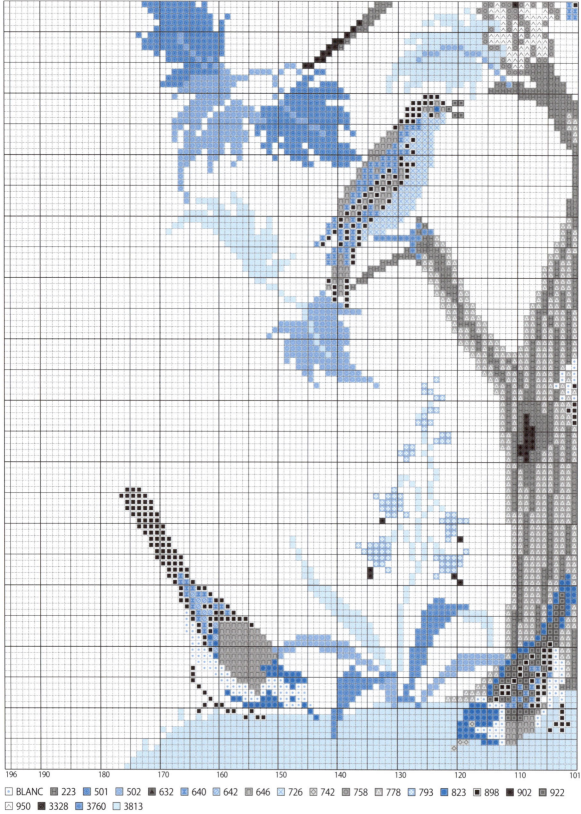

□ BLANC ■ 223 ■ 501 ■ 502 ■ 632 ■ 640 ■ 642 ■ 646 ■ 726 ■ 742 ■ 758 ■ 778 ■ 793 ■ 823 ■ 898 ■ 902 ■ 922
■ 950 ■ 3328 ■ 3760 ■ 3813

すべてDMC25番刺しゅう糸1本
刺し上がりサイズ目安　リネン40ct（16目／1cm ※2×2目を1目）で約47.6×約24.5cm

6分割・下段右

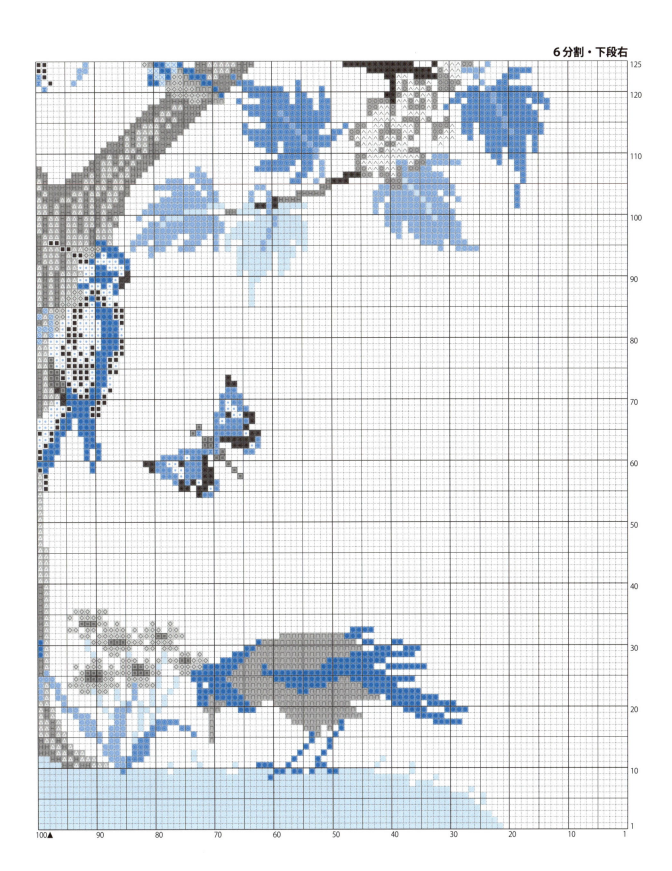

23 38ページの作品

すべてクロスst.　　　　　　　　　　　　　　　　　　　　　　　　　　　　　　6分割・上段左

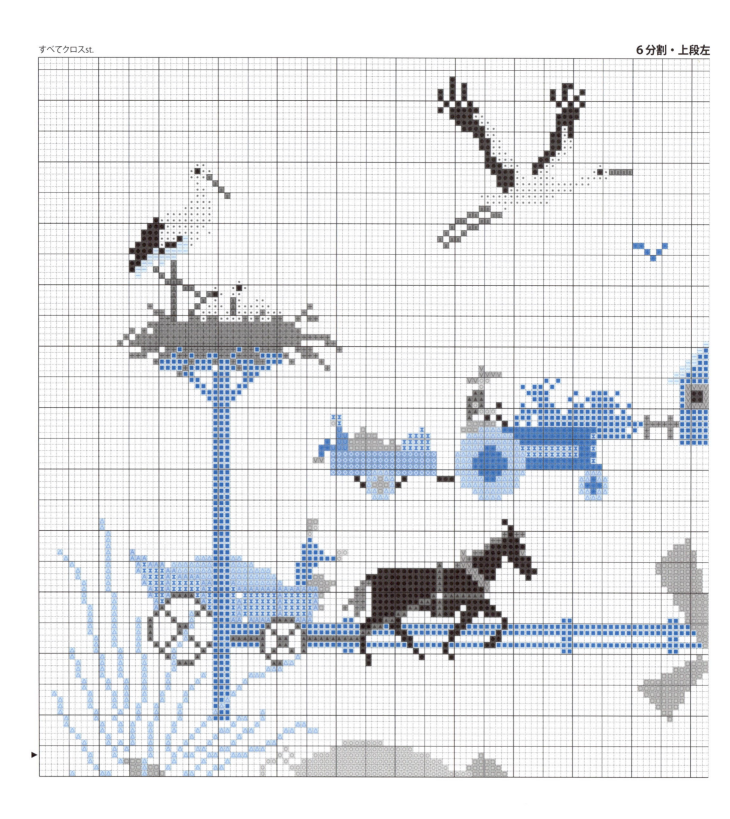

6分割・上段中央

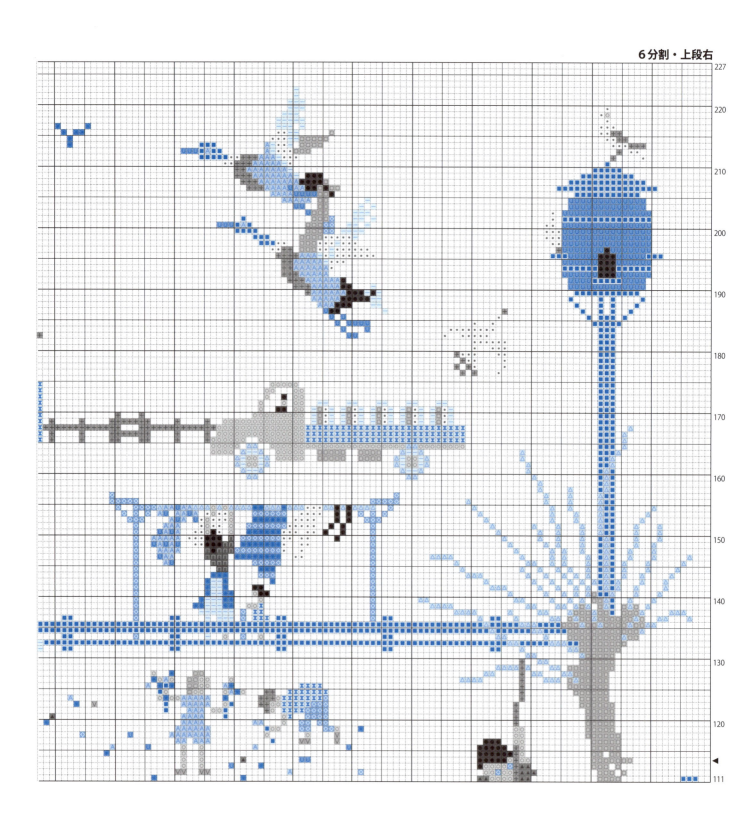

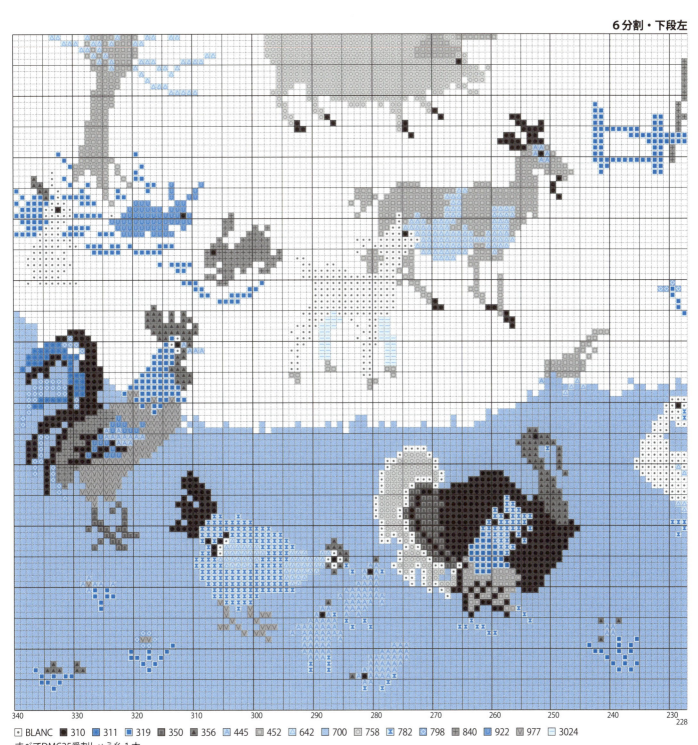

6分割・下段左

| ☐ BLANC | ■ 310 | ■ 311 | ■ 319 | ■ 350 | ▲ 356 | ▲ 445 | ■ 452 | ▽ 642 | ■ 700 | 758 | ⊠ 782 | ◇ 798 | ■ 840 | ■ 922 | ▽ 977 | ☐ 3024 |

すべてDMC25番刺しゅう糸1本
刺し上がりサイズ目安　リネン40ct（16目/1cm ※2×2目を1目）で約28.4×約42.5cm

95

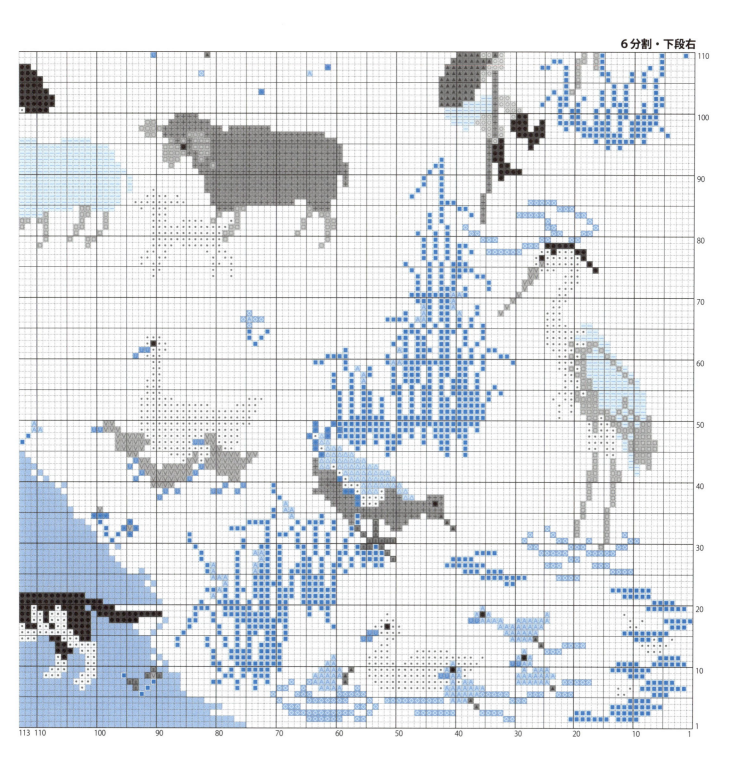

26 41ページの作品

すべてクロスst.

4分割・左上

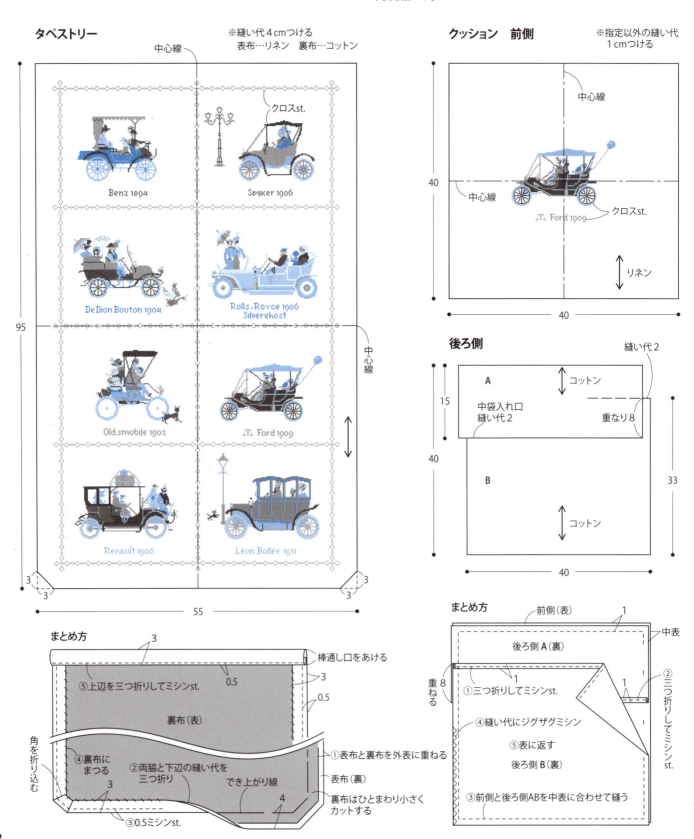

40ページ ミニバッグ　図案…73ページ

●材料（1点分）
リネン32ct（12目／1cm）30×50cm、コットン25×40cm、内径1.5cmDカン2個、長さ30cmナスカンつき革持ち手1本、直径0.8cmスナップ1組、DMC25番刺しゅう糸各色適宜

●でき上がりサイズ　図を参照

●作り方
① 前側のリネンにクロスステッチをする。
② ①と後ろ側のリネンを中表に合わせ、脇～底を縫う。
③ Dカンタブを作り、Dカンに通す。②の袋口内側にしつけで仮どめする。
④ ②と同様に中袋を作り、本体の中へ重ね入れる。袋口をコの字とじし、Dカンタブをしっかり縫いとめる。
⑤ 袋口内側にスナップをつけ、Dカンに革持ち手をつける。

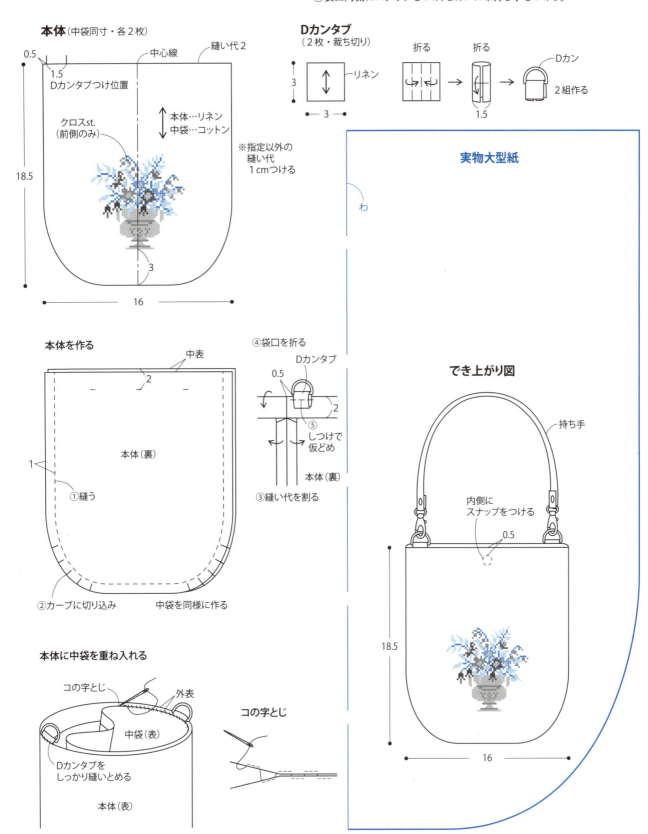

With contribution by textile artist Saskia Weishut-Snapper, daughter of Mies Bloch.

Staff
企画・作品制作・編集協力　宮本綾子
撮影　宮本敏明（P1・6・11・17・31・34～36・39・40）
ブックデザイン　橘川幹子
トレース　まつもとゆみこ
作り方原稿整理　鈴木さかえ
編集担当　佐々木 純

作品制作協力

小久保幸恵　鈴木雅子　前川則子　三輪三起　山本紀子

協力会社

ディー・エム・シー株式会社（DMC25番刺しゅう糸）
〒101-0035　東京都千代田区神田紺屋町13　山東ビル7階　TEL 03-5296-7831
クロバー株式会社（P11・36・39のブローチ「くるみボタン ブローチセット」）
〒537-0025　大阪市東成区中道3-15-5　TEL 06-6978-2277（お客様係）

懐かしくてかわいいオランダのクロスステッチ

ミース・ブロッホのクロスステッチ図案集

MIES BLOCH CROSS STITCH BOOK

発行日　2018年9月2日

著者　ミース・ブロッホ（Mies Marie Bloch）
発行人　瀬戸信昭
編集人　今 ひろ子
発行所　株式会社日本ヴォーグ社
〒164-8705　東京都中野区弥生町5-6-11
TEL 03-3383-0634（編集）　03-3383-0628（販売）
振替　00170-4-9877
出版受注センター　TEL 03-3383-0650　FAX 03-3383-0680
印刷所　大日本印刷株式会社
Printed in Japan
Copyright © Saskia Weishut-Snapper 2018
NV70495　ISBN978-4-529-05832-2　C5077
This edition published by arrangement with Saskia Weishut-Snapper through
Tuttle-Mori Agency, Inc., Tokyo

本書の複写に関わる複製、上映、譲渡、公衆送信（送信可能化を含む）の各権利は
株式会社日本ヴォーグ社が管理の委託を受けています。
JCOPY ＜（社）出版者著作権管理機構 委託出版物＞
本書の無断複写は著作権法上での例外を除き禁じられています。複写される場合
は、そのつど事前に（社）出版者著作権管理機構（TEL 03-3513-6969、FAX
03-3513-6979、e-mail: info@jcopy.or.jp）の許諾を得てください。

万一、乱丁本・落丁本がありましたら、お取り替えいたします。お買い求めの書店か、
小社販売部（TEL 03-3383-0628）へご連絡ください。

日本ヴォーグ社関連情報はこちら
（出版、通信販売、通信講座、スクール・レッスン）
http://www.tezukuritown.com/　手づくりタウン　検索

あなたに感謝しております　We are grateful.

手作りの大好きなあなたが、この本をお選びくださいましてありがとうございます。
内容はいかがでしたでしょうか？ 本書が少しでもお役に立てば、こんなにうれしいことはありません。
日本ヴォーグ社では、手作りを愛する方とのおつき合いを大切にし、ご要望にお応えする商品、サービスの実現を常に目標としています。
小社並びに出版物について、何かお気付きの点やご意見がございましたら、何なりとお申し出ください。そういうあなたに私共は常に感謝しております。

株式会社日本ヴォーグ社社長　瀬戸信昭
FAX 03-3383-0602